MEINE KLEINE
KÜCHE
AM SEE

Birgit Fazis

Meine kleine Küche am See

Saisonale Wohlfühlrezepte

Jan Thorbecke Verlag

VERLAGSGRUPPE PATMOS

PATMOS
ESCHBACH
GRÜNEWALD
THORBECKE
SCHWABEN

Die Verlagsgruppe
mit Sinn für das Leben

Für die Verlagsgruppe Patmos ist Nachhaltigkeit ein
wichtiger Maßstab ihres Handelns. Wir achten daher
auf den Einsatz umweltschonender Ressourcen und
Materialien.

Fotos: Stefanie Winkler: S. 2, 7, 10, 11, 38, 39, 46, 47,
74, 75, 109, 152 und Cover. Alle übrigen Fotos stammen
von der Autorin.
Gestaltung: Finken & Bumiller, Stuttgart
Druck: Himmer GmbH Druckerei, Augsburg
Hergestellt in Deutschland
ISBN 978-3-7995-1181-0

Inhalt

Vorwort

Das Herz eines Hauses sitzt meist in der Küche. Mit diesem besonderen Ort verbinden wir viele kostbare Erinnerungen, hier sorgen wir für uns und unsere Lieblingsmenschen und tanken jeden Tag Energie und ein Stück Geborgenheit.

Eine kleine Küche am See ist auch unser Lebensmittelpunkt. Hier lebe ich mit meinem Mann und unseren drei Töchtern Emma, Frieda und Heidi, und in keinem Raum verbringen wir mehr Zeit als in unserer Wohnküche. Hier wird tagein, tagaus gekocht, gegessen und vom Tag erzählt. An unserem großen Küchentisch werden Hausaufgaben erledigt, neue Pläne geschmiedet, viele Feste gefeiert und ganz nebenbei auch noch kleine und große Seelen genährt.

Weil ich der Meinung bin, dass Essen viel mehr ist als nur reines Hungerstillen, habe ich dieses Buch geschrieben. Ich liebe die einfache und kompromisslos leckere Küche, die ohne viel Chichi auskommt. Meine große Liebe zum Kochen und die Sehnsucht nach dem guten Leben spiegeln sich in allen meinen Rezepten wider: außergewöhnliche Gerichte, die sich auf das Wesentliche besinnen, schnell und unkompliziert zuzubereiten sind und nicht nur satt, sondern auch immer ein bisschen glücklich und zufrieden machen.

Ein Glas selbstgemachter Erdbeerlimonade im Frühling, würzige Feta-Radieschen-Butter im Sommer, Raclettebrot mit gerösteten Kürbiskernen im Herbst und Lavendelmilchreis mit Zwetschgenröster und Spekulatiusbröseln im Winter: Das alles macht mich irrsinnig glücklich! Mein größter Wunsch wäre, wenn ich es mit dem einen oder anderen Rezept schaffe, dieses Glück mit Dir zu teilen.

VIEL FREUDE BEIM LESEN,
AUSPROBIEREN UND GENIESSEN!
Deine Birgit

Frühling
AM SEE

Der Frühling ist eine meiner liebsten Jahreszeiten, weil er jedes Jahr viele kleine Neuanfänge und Hoffnungen mit sich bringt. Nach einem langen Winter freuen wir uns, dass unsere Tage wieder länger werden und die ersten warmen Sonnenstrahlen Menschen und Natur aus ihrem langen Winterschlaf wecken und nach draußen locken.

Während der See noch ganz ruhig da liegt, zwitschern schon die ersten Vögel auf den Bäumen. Der Garten verwandelt sich schön langsam in ein kleines Blütenmeer, und wir verbringen endlich wieder mehr Zeit im Freien. Dann lassen wir uns so oft wie möglich die Sonne ins Gesicht scheinen, schauen den Kräutern und Rhabarberstangen beim Wachsen zu und füllen unsere Lungen mit der frischen Frühlingsluft, die auch den letzten Wintermuff aus den Gedanken pustet.

Im Haus macht der erste selbstgepflückte Strauß Windröschen auf die neue Jahreszeit aufmerksam, und auch in der Küche zieht nun endlich die neue, herbeigesehnte Jahreszeit ein. Nach dem kalten Winter freuen wir uns über mehr Frische und Farbe auf unseren Tellern, auf die ersten Grill-Nachmittage im Garten und dieses herrliche Gefühl von zuckersüßer Unbeschwertheit. All das bringt die Frühlingsküche mit, denn das Leben schmeckt jetzt wieder nach köstlich erfrischender Erdbeerlimonade, nach knackigem Frühlingssalat und betörend duftender Joghurt-Flieder-Torte.

Über das
LEBEN AM SEE

„Wenn ich den See seh, brauch ich kein Meer mehr." Dieser Spruch eines unbekannten Verfassers spricht mir aus dem Herzen, denn seit ich denken kann, träume ich von einem Leben am Wasser. Ich liebe es, wenn der Wind mir die frische Seeluft ins Gesicht pustet, der Blick und die Gedanken sich am Horizont verlieren und das Wasser um mich herum angenehm sanft vor sich hin plätschert.

In meinen kühnsten Vorstellungen und Träumen habe ich immer von einem Haus am Meer geträumt, aber wie so oft hatte das Leben wohl etwas anderes im Sinn. Vor einigen Jahren hat es meine Familie und mich an den bayerischen Ammersee verschlagen. Einfach so und ungeplant. Den Traum vom Meer gegen ein Leben am See einzutauschen, klingt nach einem großen Kompromiss, erwies sich allerdings als großer Glücksfall. Der See liegt einen kleinen Spaziergang entfernt von unserem Zuhause, und er ist unser allerliebster Spiel- und Erholungsplatz.

Auch im Alltag führen viele unserer Wege an den See. Nirgendwo ist der Sprung ins kühle Nass erfrischender, und an keinem Fleckchen Erde schmeckt die Kugel Eis besser als hier. Und selbst auf dem Weg zum Wocheneinkauf fahre ich oft einen kleinen Umweg, um wenigstens im Vorbeifahren einen kleinen Blick auf den See zu erhaschen, denn viel mehr braucht es manchmal nicht zum Glücklichsein.

In dem folgenden Kapitel zeige ich Dir meine allerliebsten Frühlingsgerichte und lade Dich ein, das eine oder andere Rezept mal auszuprobieren. Wie wäre es an einem kühlen Frühlingstag mit einem warmen Zucchini-Salat oder ein paar leckeren Milchreisbällchen mit knusprigen Butterkeksbröseln? Die ersten warmen Tage im Jahr rufen hingegen nach leichten Karotten-Crostinis und würzigem Tomaten-Focaccia.

Selbstgemachte
ERDBEERLIMONADE

Frühlingszeit ist Erdbeerzeit! Zu keiner Jahreszeit schmecken die süßen, roten Früchte besser als jetzt. Also ab aufs nächste Erdbeerfeld, zum Verkaufsstand oder Obsthändler Deines Vertrauens, denn mit Erdbeeren kann man nämlich noch viel mehr machen als nur Torten und Marmelade. Ganz wunderbar schmecken sie zum Beispiel in dieser köstlich erfrischenden Limonade. Probier's aus!

Zubereitungszeit:
10 Minuten

Für ca. 1 l
· 500 g Erdbeeren
· 3 EL Erdbeermarmelade
· 1 Bio-Zitrone
· 500 ml Zitronenlimonade
· ein paar Blätter frische Minze
· Eiswürfel

1 Die Erdbeeren waschen und putzen. Eine kleine Handvoll Früchte beiseitelegen, die restlichen Beeren in ein hohes Gefäß geben. Erdbeermarmelade und den Saft einer halben Zitrone hinzugeben und alles mit dem Pürierstab zu feinem Erdbeermus verarbeiten.

2 Das Fruchtpüree in eine Kanne oder Karaffe geben und mit der Zitronenlimonade aufschütten.

3 Die restlichen Erdbeeren in dünne Scheiben und die verbliebene Zitronenhälfte in Spalten schneiden. Minze, Eiswürfel, Erdbeeren und Zitronenspalten zu der Limo geben und eiskalt servieren.

Mein Tipp:
Wer seine Limonade ohne die kleinen Erdbeerkerne trinken möchte, streicht das Fruchtpüree vor der weiteren Verarbeitung noch durch ein Sieb. Die Zitronenlimonade im Getränk kann man auch durch kohlensäurehaltiges Mineralwasser oder – für die partytaugliche Variante – durch Prosecco ersetzen.

WEICHKÄSE-TORTE
mit Nüssen und Früchten

Nein, das ist keine Hochzeitstorte, sondern eine Käseplatte. Statt obligatorischem Käsebrett oder den klassischen Käse-Trauben-Spießchen serviere ich Weichkäse, wie Camembert und Co., gerne mal mehrstöckig. Früchte, Nüsse und feine Kräuter sind hervorragende Begleiter und sehen auch noch hübsch aus. Nur noch ein wenig Baguette dazu und die Gäste werden begeistert sein!

Zubereitungszeit:
15 Minuten

Für 4–8 Personen
- 3 runde Weichkäselaibe in 3 verschiedenen Größen
- frische Früchte (z.B. Birnen, Feigen oder Weintrauben)
- eine Handvoll Nüsse nach Wahl
- frische Kräuter (z.B. Thymian, Rosmarin, Lavendel, etc.)

1. Die Käselaibe waagerecht aufschneiden, so dass sie halbiert sind.
2. Die Früchte waschen, vorsichtig trocken tupfen und ebenfalls in dünne Scheiben schneiden.
3. Eine Hälfte des größten Käselaibes mit der Schnittfläche nach oben auf einen Teller oder eine Tortenplatte legen und fächerartig mit einem Teil des geschnittenen Obstes belegen. Mit der zweiten Hälfte des Käses bedecken und leicht andrücken.
4. Mit den beiden anderen Weichkäselaiben ebenso verfahren. Die Käsehälften mit Obst und/oder Nüssen belegen und abschließend als mehrstöckige Käse-Torte aufeinander schichten.
5. Vor dem Verzehr die Käsetorte mit frischen Kräutern bestreuen. Mit Baguette servieren.

Mein Tipp:
Neben Birnen, Feigen und Nüssen lässt sich die Käse-Torte noch mit vielen weiteren Zutaten zubereiten. Wie wäre es zum Beispiel mit frischen Himbeeren, Zwiebelkonfitüre, Chutneys, Nusshonig, Frischkäsecremes oder Feigensenf? Der Fantasie sind keine Grenzen gesetzt.

FRÜHLINGSSALAT
mit grünem Spargel

Weißer Spargel ist köstlich, keine Frage. Wenn ich unter den Spargelgewächsen allerdings eine Königin küren müsste, dann wäre das zweifelsfrei der grüne Spargel. Ich liebe den herzhaften, nussigen Geschmack und die vielfältigen Zubereitungsmöglichkeiten. Ganz nebenbei ist er, dank Sonnenlicht, auch noch gesünder und reicher an Vitaminen als sein weißer Kollege. Sobald der erste Grünspargel im Frühling erhältlich ist, genießen wir ihn oft mehrmals in der Woche. Zum Beispiel in diesem frühlingshaften Spargelsalat.

Zubereitungszeit:
20 Minuten

Für 4 Personen
· Salz
· 1 kg grüner Spargel
· 50 g Mandeln
· 1 Bund Radieschen
· 4 EL Olivenöl
· 2 EL Zitronensaft
· 1 EL grünes Pesto
· Abrieb einer halben Bio-Zitrone
· Pfeffer

1 In einem ausreichend großen (Spargel-)Topf Salzwasser zum Kochen bringen.

2 Währenddessen den Spargel waschen und die holzigen Enden abschneiden.

3 Sobald das Wasser kocht, den Spargel hineingeben und für 3–5 Minuten blanchieren. Der Spargel sollte noch Biss haben und nicht zu weich gekocht werden. Grünen Spargel abgießen, sofort mit eiskaltem Wasser abschrecken, abtropfen lassen und beiseite stellen.

4 Die Mandeln ohne Öl in einer beschichteten Pfanne rösten und auf einem Teller abkühlen lassen.

5 Radieschen waschen, putzen und in Scheiben schneiden.

6 Den Spargel in etwa 3 cm lange, mundgerechte Stücke schneiden und gemeinsam mit den Radieschen in eine Salatschüssel geben.

7 Aus Olivenöl, Zitronensaft, Pesto, Zitronenabrieb, Salz und Pfeffer ein Dressing zubereiten und über den Salat geben.

8 Vor dem Servieren die gerösteten Mandeln grob hacken und über den Salat streuen. Mit etwas frischem Brot servieren.

Mein Tipp:
Der Salat lässt sich übrigens auch hervorragend mit weißem Spargel zubereiten. Je nach Größe der Spargelstangen muss die Blanchierzeit unter Umständen etwas verlängert werden.

Karotten-Crostini MIT ZIEGENKÄSE

Das belegte Röstbrot ist ein überragendes Universaltalent in der Küche. Es macht zu jeder Tages- und Nachtzeit eine gute Figur auf dem Teller, schmeckt herzhaft mindestens genauso gut wie fruchtig-süß und – egal, ob für zwei als leichtes Mittagessen oder für zwanzig als Vorspeise – Crostini-Anhänger sind schnell gefunden. Diese farbenfrohe Variante des beliebten Röstbrotes ist wie gemacht für die frische Frühlingsküche.

Zubereitungszeit:
45 Minuten

Für 4 Personen
· 8 junge Möhrchen mit Grün
· 5 EL Olivenöl
· Salz und Pfeffer
· ca. 10 Blätter frisches Basilikum
· ca. 4 Blätter Minze
· 4 EL grünes Pesto
· 12 Scheiben Ciabatta-Brot
· 200 g Ziegenfrischkäse
· Abrieb von einer Bio-Zitrone

1. Backofen auf 180 °C (Ober-/Unterhitze) vorheizen.
2. Die Möhrchen vom Grün befreien, dabei die Stiele bis auf 2 cm kürzen. Einen Stiel Möhrengrün aufbewahren, den Rest wegwerfen oder zur Weiterverarbeitung aufbewahren.
3. Die jungen Karotten schälen, waschen und längs halbieren. In eine ofenfeste Form geben, 4 EL Olivenöl darüberträufeln und mit Salz und Pfeffer würzen. Im vorgeheizten Backofen ca. 20–25 Minuten backen. Die Karotten sollten noch leicht bissfest sein.
4. Das Möhrengrün zusammen mit den frischen Kräutern, 1 EL Olivenöl und dem Pesto in ein hohes, schmales Gefäß geben und mit dem Pürierstab zu einer streichfähigen Paste verarbeiten.
5. Das Brot im Toaster, Backofen oder in einer (Grill-)Pfanne rösten und mit dem Ziegenfrischkäse bestreichen.
6. Die gerösteten Möhren nach Garzeitende in mundgerechte Stücke schneiden und die Crostinis damit belegen.
7. Zum Schluss jeweils 1 TL Paste auf den Crostinis verteilen, mit dem Zitronenabrieb bestreuen und sofort servieren.

Mein Tipp:
Die Crostini sind sehr wandlungsfähig und lassen sich auch mit anderen Käse- und Gemüsesorten, wie zum Beispiel Kräuterfrischkäse mit gerösteten Paprika, Gorgonzola mit gebackenen Pilzen oder Frischkäse mit gegrillter Avocado, zubereiten.

WARMER ZUCCHINI-SALAT
mit Ziegenkäse und Honig

Es gibt Tage, da läuft einem die Zeit im Eiltempo davon, bis der Hunger irgendwann so groß ist, dass man ihn nicht mehr ignorieren kann. Dieser Salat ist für Tage wie diese geschaffen. Warm, frisch und herrlich aromatisch ist er die perfekte Mischung aus einem leichtem Salat und der sättigenden Wohltat, die es in Momenten wie diesen dringend braucht.

Zubereitungszeit:
45 Minuten

für 4 Personen
· 4 mittelgroße Zucchini
· 250 g braune Champignons
· 6 EL Olivenöl
· Salz und Pfeffer
· 4 EL dunkler Balsamico-Essig
· 50 g Haselnüsse
· 4 Ziegenkäsetaler
· 4 TL Honig
· frischer Thymian

1. Backofen auf 180 °C (Ober-/Unterhitze) vorheizen.
2. Zucchini waschen und in etwa 0,5–1 cm dicke Scheiben schneiden. Pilze putzen und ebenfalls in Scheiben schneiden.
3. Das Gemüse in eine Schüssel geben, 4 EL Olivenöl dazugeben und vorsichtig unterheben. Das Gemüse auf ein mit Backpapier belegtes Backblech geben und mit Salz und Pfeffer würzen. Im Backofen etwa 15–20 Minuten rösten.
4. Das fertig gegarte Gemüse in eine Schüssel geben, mit Balsamico-Essig beträufeln und beiseite stellen.
5. Haselnüsse grob hacken und in einer beschichteten Pfanne ohne Öl rösten. Die Nüsse auf einem Teller abkühlen lassen.
6. Die Ziegenkäsetaler in der heißen Pfanne kurz beidseitig anbraten, bis sie langsam Farbe annehmen und weich werden.
7. Zucchini-Salat auf 4 Tellern verteilen und jeweils einen warmen Ziegenkäsetaler daraufsetzen.
8. Den Salat umgehend mit dem restlichen Olivenöl und Honig beträufeln und mit Nüssen und frischem Thymian bestreut servieren.

Schnelle HALLOUMI-GEMÜSEPUFFER

Beim Blättern durch dieses Buch wirst Du feststellen, dass ich Halloumi sehr mag und ihn am allerliebsten in jedem Gericht verarbeiten würde. Der Mittelmeer-Käse, der aus Schafs- oder Ziegenmilch mit Kuhmilch hergestellt wird, ist dem Mozzarella sehr ähnlich, schmeckt aber deutlich salziger. Er hat die wunderbare Eigenschaft, beim Erhitzen nicht zu schmelzen, was ihn perfekt zum Grillen und Braten macht.

Zubereitungszeit:
30 Minuten

Für 4 Personen
· 250 g Zucchini
· 1 kleine Zwiebel oder Schalotte
· Salz
· 200 g Halloumi
· 2 EL Magerquark
· 1 Ei
· 2 EL Semmelbrösel
· 3 EL frische, fein gehackte Petersilie
· Pfeffer
· 2 EL Olivenöl

1 Zucchini und Zwiebel waschen, putzen bzw. schälen und mit einer Küchenreibe grob raspeln. Das Gemüse miteinander vermischen, salzen und etwa 5 Minuten lang Wasser ziehen lassen.

2 Währenddessen den Halloumi trocken tupfen und ebenfalls grob raspeln.

3 Das Gemüse in ein sauberes Küchentuch geben und so lange ausdrücken, bis keine bzw. kaum noch Flüssigkeit abtropft.

4 Käse und Gemüse zusammen mit Magerquark, Ei, Semmelbröseln und 2 EL der gehackten Petersilie vermengen, mit Salz und Pfeffer würzen und mit feuchten Händen etwa 12 Taler formen.

5 Olivenöl in einer heißen Pfanne erhitzen und Halloumi-Gemüsetaler nach und nach beidseitig anbraten, bis sie eine goldgelbe Farbe annehmen. Dabei behutsam vorgehen, damit die Taler nicht auseinanderfallen. Sobald die Taler wieder etwas abkühlen, verfestigt sich die Konsistenz wieder.

6 Die Halloumi-Gemüsetaler schmecken am allerbesten, wenn man sie mit einem frischen Blattsalat und etwas Kräuterquark serviert. Mit der restlichen Petersilie bestreuen.

Mein Tipp:
Die Halloumi-Gemüsetaler eignen sich auch ganz wunderbar für die Zubereitung eines vegetarischen Burgers. Dafür die Taler einfach etwas größer formen, anbraten und mit Salat, Tomate, Zwiebel und Kräuterquark in einem Burger-Brötchen servieren.

TOMATEN-FOCACCIA
mit Oliven und Feta

Wenn es einen Duft gibt, den ich am allerliebsten ständig in meiner Nase haben möchte, dann ist es der Duft von frisch gebackenem Brot. Dieser Geruch macht irgendetwas mit mir, er weckt die schönsten Kindheitserinnerungen und löst ein tiefes Zufriedenheitsgefühl aus. In all den Jahren habe ich jedoch eines gelernt: Brot backen ist eine hohe Kunst und benötigt Zeit und Geduld. Diese Tomaten-Focaccia ist eine wunderbare und gelingsichere Alternative, taucht Deine Küche in den betörenden Duft von frischem Brot und steht schon in etwa 2 Stunden auf dem Tisch.

Zubereitungszeit:
etwa 2 Stunden

Für 2 Focaccias
- ½ Würfel frische Hefe
- 500 g Weizenmehl + etwas mehr zum Bestäuben
- 1 TL Salz
- 1 Prise Zucker
- 5 EL Olivenöl
- 125 g Cocktail-Tomaten
- ca. 10 schwarze Oliven
- 100 g Feta
- 4–6 Knoblauchzehen
- eine Handvoll frische Basilikumblätter

1 Hefe in 250 ml lauwarmem Wasser auflösen. Weizenmehl, Salz, Zucker und 3 EL Olivenöl hinzugeben und mit der Küchenmaschine oder per Hand zu einem glatten Teig kneten.

2 Den Teig abgedeckt an einem warmen Ort etwa 30 Minuten gehen lassen.

3 Teig auf einer bemehlten Arbeitsplatte erneut kräftig kneten, in 2 Teile schneiden und jedes Teigstück oval etwa 2 cm dick ausrollen. Mit etwas Mehl bestäuben und abgedeckt an einem warmen Ort eine weitere Stunde gehen lassen.

4 Währenddessen die Tomaten waschen und halbieren. Die Oliven abtropfen lassen und den Feta in Würfel schneiden. Den Knoblauch schälen und klein schneiden.

5 Backofen auf 200 °C (Ober-/Unterhitze) vorheizen.

6 Nach der Gehzeit mit den Fingern kleine Mulden in den Teig drücken. Tomatenhälften, Oliven und Knoblauch in die Vertiefungen geben. Die Brote mit den verbleibenden 2 EL Olivenöl beträufeln und im vorgeheizten Backofen etwa 20–25 Minuten knusprig braun backen.

7 Nach 15 Minuten Backzeit kurz aus dem Ofen holen und die Feta-Würfel zügig darauf verteilen. Anschließend weitere 5–10 Minuten fertigbacken.

8 Nach der Backzeit die Focaccias auf einem Kuchengitter abkühlen lassen. Mit frischem Basilikum bestreut servieren.

Mein Tipp:
Focaccias können in allen Geschmacksvarianten gebacken werden. Folgende Kombinationen schmecken auch sehr köstlich: Meersalz + Rosmarin, Paprika + Feta, Kapern + Zucchini oder Kräuter + Pinienkerne.

MILCHREISBÄLLCHEN
mit Butterkeksbröseln und Apfelmus

Dieses Gericht ist durch Zufall entstanden, denn meine Kinder lieben warmen Milchreis über alles. Weil sie die Reisspeise kalt aber keinesfalls anrühren, suchte ich eines Tages einen Weg, übrig gebliebenen Milchreis zu verwerten. Eines kam zum anderen und so stand nach wenigen Minuten dieses Gericht auf dem Tisch. Meine Kinder waren hellauf begeistert und ihre Teller waren noch nie so schnell leer gegessen wie bei diesem Gericht.

Zubereitungszeit:
25 Minuten

für 4 Personen
· Milchreis vom Vortag oder frisch gekochter, abgekühlter Milchreis (siehe Tipp!)
· 80 g Butterkekse
· 2 EL Butter
· 1 TL Zimt und Zucker
· 1 Glas Apfelmus

1 Den Milchreis vom Vortag (oder den frischen, abgekühlten Milchreis) einmal kräftig durchrühren.

2 Butterkekse in einen Gefrierbeutel geben, die Luft herausdrücken, den Beutel mit einem Gummi oder einer Haushaltsklammer verschließen und mit einem Nudelholz so lange darüberrollen, bis die Kekse zu feinen Bröseln „gemahlen" sind. Die Brösel in einen tiefen Teller geben und beiseite stellen.

3 Mit feuchten Händen kleine Mengen kalten Milchreis abnehmen und zu gleichmäßig runden Bällchen formen. Diese in den Butterkeksbröseln wälzen, bis sie damit bedeckt sind. Auf einen Teller legen.

4 Butter in einer Pfanne erhitzen und die Milchreisbällchen darin goldbraun ausbacken. Die Bällchen hin und wieder durch vorsichtiges Schwenken der Pfanne wenden und anschließend mit Zimt und Zucker bestreut sowie einem Klecks Apfelmus servieren.

Mein Tipp:
Wer keinen übriggebliebenen Milchreis vom Vortag hat, bereitet diesen einfach aus 500 ml Milch, 1 Pk. Vanillezucker, 1 Prise Salz und 125 g Milchreis zu. Dazu die Milch erhitzen, Salz, Vanillezucker und Milchreis in die heiße Milch geben, einmal auf mittlerer Hitze aufkochen, dann die Temperatur senken und den Milchreis etwa 20-30 Minuten garen lassen. Dabei immer wieder mal umrühren, damit der Milchreis nicht anbrennt. Vor der Weiterverarbeitung sollte der Milchreis komplett abgekühlt sein.

APFELPFANNKUCHEN
aus dem Ofen

Dieses Gericht ist einer unserer beliebtesten Notnägel in der Küche. Wenn mal die Zeit fehlt, gibt es hin und wieder diesen herrlich duftenden Ofenpfannkuchen mit Äpfeln und Vanillesoße. Der Pfannkuchen bäckt sich nämlich beinahe von ganz allein und schmeckt nach einer wunderbaren Mischung aus Pfannkuchen und luftigen Pancakes.

Zubereitungszeit:
etwa 1 Stunde und 15 Minuten

Für 4–6 Personen
· 50 g Butter + etwas für die Form
· 250 g Mehl + etwas für die Form
· ½ TL Backpulver
· ½ TL Natron
· 2 EL Zucker
· 1 Pk. Vanillezucker
· 1 Prise Salz
· 3 Eier
· 350 ml Buttermilch
· ein Schuss Mineralwasser
· 2 kleine Äpfel
· Puderzucker
· Vanillesoße aus dem Kühlregal

1. Die Butter schmelzen und beiseite stellen.
2. Die trockenen Zutaten (bis auf den Puderzucker) vermischen.
3. Die Eier leicht miteinander verquirlen und die Buttermilch sowie die geschmolzene und leicht abgekühlte Butter hinzugeben.
4. Die Eiermischung zu den trockenen Zutaten geben und alles zu einem glatten Teig verrühren.
5. Einen Schuss Mineralwasser hinzugeben und vorsichtig einrühren.
6. Den Teig im Kühlschrank etwa 10–15 Minuten quellen lassen.
7. Währenddessen den Backofen auf 220 °C (Ober-/Unterhitze) vorheizen.
8. Eine Tarte- oder Auflaufform leicht buttern, mehlen und anschließend den Teig hineingeben und glatt streichen.
9. Die Äpfel waschen, trocknen und in dünne, etwa 0,5 cm dicke Scheiben schneiden und diese auf dem Teig verteilen.
10. Den Pfannkuchen im vorgeheizten Backofen etwa 20–25 Minuten backen.
11. Nach der Backzeit den Pfannkuchen kurz abkühlen lassen. Anschließend mit Puderzucker bestäuben und mit Vanillesoße servieren.

Mein Tipp:
Der Pfannkuchen schmeckt auch mit Blaubeeren oder anderen Sommerfrüchten. Die Vanillesoße kann durch Ahornsirup, Apfelmus oder Eis ausgetauscht werden.

ERDBEER-
Rhabarber-Törtchen

Es gibt Verbindungen, die wurden im Himmel beschlossen. Das Zusammenspiel von Erdbeeren und Rhabarber zum Beispiel. Beide sind getrennt voneinander lecker, aber erst im Doppelpack entfalten sie ihr wahres Potential, finde ich. Egal ob als Erdbeer-Rhabarber-Marmelade, -Kompott, -Saft oder umwerfend vereint in diesem köstlichen Erdbeer-Rhabarber-Törtchen. Das fruchtige Gebäck ist im Handumdrehen fertig, das bekommen selbst meine Töchter schon mit links hin.

Zubereitungszeit:
etwa 50 Minuten

Für 4–6 Personen
· 100 g Butter + etwas für die Form
· 250 g Erdbeeren
· 100 g Rhabarber
· 150 g Zucker
· 150 g Mehl + etwas für die Form
· 1 gehäufter TL Backpulver
· 1 gehäufter TL Vanillezucker
· 250 ml Milch
· 1 EL Dekozucker

1 Backofen auf 180 °C vorheizen.
2 Butter schmelzen und beiseite stellen.
3 Erdbeeren und Rhabarber waschen, putzen bzw. schälen und in kleine Stückchen schneiden. Die Früchte in eine Schüssel geben, mit 50 g Zucker verrühren und etwas ziehen lassen.
4 Mehl, Backpulver, Vanillezucker und restlichen Zucker miteinander vermischen. Die Milch sowie die zerlassene Butter hinzufügen und alles mit dem Schneebesen zu einem glatten Teig rühren.
5 Eine Tarteform oder – je nach Größe – 4 bis 6 kleine Förmchen leicht buttern. Erdbeer-Rhabarber-Mischung auf die Form bzw. die Förmchen verteilen. Den Teig darübergießen, so dass die Früchte komplett damit bedeckt sind. Mit Dekozucker bestreuen und etwa 45 Minuten knusprig backen.
6 Nach der Backzeit die Törtchen leicht abkühlen lassen und ofenwarm genießen.

Mein Tipp:
Die Törtchen schmecken ofenwarm am allerbesten. Wer mag, kann sie gerne mit einer Kugel Vanilleeis, einem Klecks Crème fraîche oder Mascarpone genießen.

Blumiger
CARROT CAKE

Rüblikuchen, Carrot Cake oder Möhrenkuchen – ganz egal wie man ihn nennt, diesem bodenständigen Kuchen-Klassiker wird oft Unrecht getan, und dabei wird seine wahre Größe vollkommen übersehen. Ehre wem Ehre gebührt, denn meiner Meinung nach verdient dieser Karotten-Nuss-Kuchen zweifellos den Platz im Mittelpunkt der Kaffeetafel und zwar ohne glasige Zuckergussdecke und Marzipanmöhrchen, bitteschön. Ich hätte da nämlich einen wesentlich schöneren Vorschlag für Dich.

Zubereitungszeit:
etwa 1 Stunde und 15 Minuten
(+ Abkühlzeit)

Für einen Kuchen
· Butter und Mehl für die Form
· 250 g Möhren
· 1 Bio-Zitrone
· 250 g gemahlene Mandeln oder Haselnüsse
· 50 g Mehl
· 2 TL Backpulver
· ½ TL Zimt
· 6 Eier
· 160 g Zucker

Blüten-Dekoration:
· 1 Eiweiß
· 250 g Puderzucker
· essbare Blüten, z.B. Flieder, Veilchen, Gänseblümchen, Kamille, Hornveilchen etc.
· 2 EL gehackte Pistazienkerne

1 Backofen auf 180 °C (Ober-/Unterhitze) vorheizen.

2 Eine Tortenform mit Butter einfetten und mehlen.

3 Möhren schälen, putzen, waschen und mit einer Reibe sehr fein raspeln. Möhren mit dem Abrieb einer Zitrone sowie 1 EL Zitronensaft in eine Schüssel geben und beiseite stellen.

4 Gemahlene Mandeln, Mehl, Backpulver und Zimt mischen.

5 Die Eier trennen, Eiweiß steif schlagen und dabei nach und nach den Zucker einrieseln lassen. Eigelbe nacheinander darunterziehen.

6 Möhren und Mehlmischung vorsichtig unterheben.

7 Den Teig in die Form füllen und im vorgeheizten Backofen ungefähr 40 Minuten lang backen. Vor dem Ende der Backzeit eine Stäbchenprobe machen. Gegebenenfalls den Kuchen noch ein paar Minuten zu Ende backen.

8 Anschließend den Karottenkuchen etwa 10–15 Minuten in der Form stehen lassen und erst danach vorsichtig herauslösen und auf einem Kuchengitter vollständig abkühlen lassen.

9 Sobald der Kuchen abgekühlt ist, 1 Eiweiß leicht verquirlen, Puderzucker hinzugeben und zu einer streichfähigen Masse verrühren. Die Konsistenz ist ideal, wenn die Zuckergussmasse an Zahnpasta erinnert. Falls der Guss zu flüssig ist, einfach noch etwas Puderzucker hinzufügen. Ist er zu fest, helfen ein paar Tropfen (!) Wasser oder Zitronensaft.

10 Den abgekühlten Kuchen mit dem Zuckerguss überziehen und umgehend mit den essbaren Blüten und Pistazienkernen dekorieren.

Mein Tipp:
Bevor du Blüten in einem Rezept verwendest, solltest du dich unbedingt darüber informieren (z.B. im Internet oder bei dem Gärtner Deines Vertrauens), welche Blüten essbar sind und welche nicht. Idealerweise verwendest Du Blumenköpfe aus Deinem Garten oder ungespritzte Blumen aus der Gärtnerei. Zum Teil bekommst Du essbare Blüten auch beim Gemüsehändler, im Supermarkt oder kannst sie im Internet bestellen. Eine ganzjährig verfügbare Alternative sind getrocknete Blütenmischungen.

No-Bake-Joghurt-Torte
MIT FLIEDER

Ich bin keine große Tortenbäckerin, muss ich gestehen. Dennoch gibt es hin und wieder Anlässe, da bedarf es eines ganz besonderen Gebäcks. Für genau diese Momente ist diese leichte Joghurt-Torte mit Flieder gedacht. Sie macht ordentlich was her und muss dafür nicht einmal in den Backofen. Aufgrund des zarten Fliederaromas in der Joghurt-Creme hält sie auch geschmacklich ihr großes optisches Versprechen.

Zubereitungszeit:
etwa 1 Stunde + Kühlzeit

Für eine kleine Torte (Ø 18 cm)
· 2–3 Fliederdolden, intensiv duftend + eine Fliederdolde zum Dekorieren
· 100 ml Konditor-Schlagsahne
· 70 g Butter
· 125 g Haferkekse
· 350 g griechischer Joghurt
· 200 g Frischkäse, Vollfettstufe
· 100 g Zucker
· 1 Pk. Vanillezucker
· 1 Pk. Gelatine für kalte Speise

1 Die Fliederdolden vorsichtig abschütteln, evtl. von Ungeziefer befreien, aber keinesfalls (!) waschen, da sie sonst ihren aromatischen Duft verlieren. Schlagsahne bei geringer Hitze erwärmen, beiseite stellen und die Fliederdolden in die warme Schlagsahne geben. Abgedeckt ziehen und langsam abkühlen lassen.

2 Ein Stückchen Backpapier mithilfe des Tortenbodens so zurechtschneiden, dass es sich in die Backform legen lässt.

3 Die Butter schmelzen und etwas abkühlen lassen.

4 Währenddessen die Kekse in einen Gefrierbeutel geben, diesen verschließen und mit einem Nudelholz so lange über die Kekse rollen, bis diese zu feinen Bröseln „gemahlen" sind.

5 Die geschmolzene Butter zu dem feinen Keksmehl geben, gut miteinander verrühren und die Masse anschließend in der Springform mit der Hand oder der glatten Unterseite eines Bechers festdrücken. Die Backform samt Tortenboden nun für etwa 30 Minuten in den Kühlschrank stellen.

6 Joghurt, Frischkäse, Zucker und Vanillezucker vermischen und mit einem Küchenmixer glatt rühren. Die Gelatine nach Packungsanweisung hinzugeben.

7 Den Flieder aus der vollständig abgekühlten Sahne entfernen, diese eventuell noch einmal durch ein Sieb gießen und anschließend steif schlagen. Fliedersahne vorsichtig unter die Joghurtcreme heben.

8 Die Joghurt-Fliedercreme nun auf dem Tortenboden verteilen und glatt streichen. Die Torte mindestens 4 Stunden (am besten über Nacht) kalt stellen.

9 Vor dem Servieren die Joghurt-Torte vorsichtig aus der Form lösen und auf eine Tortenplatte setzen. Mit einigen abgezupften Fliederblüten dekorieren und gekühlt servieren.

Mein Tipp:
Wer es noch ein wenig fruchtiger mag, kann die Torte zusätzlich mit frischen Erdbeeren, Himbeeren oder Blaubeeren belegen.

DIY:
Ostereier bemalen

Ich mag das Osterfest, im Gegensatz zu vielen anderen Feiertagen, wegen seines gemütlichen und verbindenden Wesens. Bunte Ostereier finde ich – wenn überhaupt – aber nur bei anderen hübsch, viel lieber umgebe ich mich stattdessen mit schlichter Osterdeko. Knospende Frühlingszweige in einer schönen Vase und eine Handvoll liebevoll bemalter Eier sind mir genug. Dieses kleine DIY kommt ganz ohne Materialschlacht und Farbkleckserei aus und lässt sich jedes Jahr wieder verwenden. Zeichnerisches Talent benötigt man übrigens auch nicht, denn auch mit Pünktchen und Strichen lassen sich ganz zauberhafte Unikate basteln.

Zeitaufwand:
etwa 1 Stunde

· eine beliebige Anzahl von weißen und/oder braunen ausgeblasenen Eiern
· Permanent-Marker nach Wahl (z.B. Lackstifte, Paint-Marker etc.)
· kleine Klebebuchstaben
· Masking-Tape

1 Auf die Eier, fertig, los! Es darf ganz nach Lust und Laune gemalt werden.

2 Eine der einfachsten Verzierungs-Methoden ist es, mit Pünktchen zu arbeiten. Dafür verschieden große Tupfen auf die Eier malen. Das sieht in den Farben weiß, schwarz, gold oder silber ganz besonders hübsch aus.

3 Besonders schöne Ergebnisse erhält man auch, wenn man eine Form aus etwas Masking-Tape ausschneidet (z.B. ein Herz), diese mittig auf das Ei klebt und anschließend viele kleine Pünktchen auf das Herz und drum herum tupft, so dass sich nach dem Abziehen des Masking-Tapes eine hübsche Form-Schattierung abzeichnet.

4 Grafische Effekte erhält man, wenn man mit Linien arbeitet oder Punkte mit feinen Linien verbindet.

5 Für kleine Botschaften auf den Ostereiern sorgen schwarze Klebebuchstaben aus dem Schreibwarenbedarf. Wichtig hierbei ist, dass es sich um Buchstaben handelt, die sich der Form entsprechend von der Trägerfolie abziehen lassen. Viereckige, auf Folie gedruckte Lettern sind leider ungeeignet.

6 Für die kleinen Blumenranken einfach einen ovalen Kreis auf das Ei zeichnen und anschließend mit kleinen Blättern umranden. Mit Pünktchen verleiht man den kleinen Kunstwerken anschließend noch etwas mehr Glanz.

Mein Tipp:
Die Eier lassen sich übrigens auch wunderbar als Tischkärtchen für die Oster-Tafel verwenden. Dafür einfach die Namen der Gäste einzeln auf die Eier malen oder mit Klebebuchstaben kleben und diese auf dem gedeckten Tisch entsprechend verteilen.

DIY:
Vase mit Sprühlack verzieren

Ich umgebe mich gerne mit Blumen, das erkennt man schon allein an meiner großen Vasen-Sammlung: große, kleine, bauchige, eckige, lange, kurze, weiße und bunte Gefäße bevölkern gleich mehrere Schränke in unserem Haus. Viele meiner Vasen waren in ihrem ersten Leben allerdings gar keine Vasen, sondern Weckgläser, Bonbonnieren, Apotheker-Gefäße oder Konservendosen. Dieses hübsche Exemplar ist ebenso selbst gebastelt und setzt zum Beispiel die ersten Frühlingsblumen ganz wunderbar in Szene.

Zeitaufwand:
etwa 10 Minuten + Trocknungszeit

· ein beliebiges, vasentaugliches und sauberes Glasgefäß mit glatter Oberfläche
· gut haftendes Malerkrepp-Band
· Zeitungspapier
· Metallic-Sprühlack aus dem Baumarkt
· 3 kleine Möbel-Filzgleiter

1 Für ein gelungenes Ergebnis empfehle ich Dir, ein Gefäß mit einer glatten Oberfläche zu verwenden. Um sauber arbeiten zu können, ist eine nicht allzu bauchige Form vorteilhaft. So lässt sich das Malerkrepp einfacher anbringen und haftet anschließend lückenlos.

2 Überlege Dir ein Design und beginne, diejenigen Stellen deines Gefäßes mit Malerkrepp abzukleben, die keine Farbe annehmen sollen. Das Klebeband sollte gründlich und ohne Luftlöcher, Lücken oder Wellen befestigt werden. Am einfachsten ist es beispielsweise, die Vase nur halb zu lackieren, aber Deiner Fantasie sind keine Grenzen gesetzt.

3 Das Lackieren der Vase solltest Du unbedingt im Freien machen, da der Sprühnebel und die Gerüche meist unangenehm und teilweise auch nicht ganz ungefährlich sind.

4 Dabei etwas Zeitungspapier an einer windgeschützten Stelle im Freien ausbreiten, die Vase kopfüber auf das Papier stellen und mit einem Abstand von etwa 20 cm das Gefäß rundherum lackieren.

5 Die fertig lackierte Vase an der frischen Luft nach Gebrauchsanweisung trocknen lassen. Sobald der Lack vollständig trocken ist, kannst du das Malerkrepp-Band vorsichtig abziehen. Um den Lack an der Unterseite vor Abrieb zu schützen, einfach 3 Filzgleiter im Dreieck aufkleben.

6 Zum Säubern der Vase diese innen und außen vorsichtig mit einem weichen Lappen reinigen.

Sommer
AM SEE

In den Sommermonaten verbringen wir die meiste Zeit in unserem zweiten Wohnzimmer, dem Garten. Unter dem alten, knorrigen Apfelbaum lässt es sich wunderbar aushalten, während die Kinder über die benachbarten Wiesen streunen. Nun fühlen sich die Tage wie ein wunderschöner und niemals endender Sommerurlaub an.

Die Küche bleibt an warmen Tagen wie diesen meist kalt. Stattdessen werfen wir lieber den Grill an oder veranstalten ein spontanes Picknick im Garten. Unsere Sommerküche ist vor allem eins: unkompliziert. Weil keiner Lust hat, stundenlang am Herd zu stehen, sind vor allem Salate, Dips und süße Erfrischungen sehr beliebt. Orientalischer Brotsalat, Pizza vom Grill oder ein Limetten-Pie im Glas lassen sich schnell zubereiten, schmecken köstlich und erfrischen auch an heißen Sommertagen ganz wunderbar.

An den See zieht es uns im Sommer vor allem am Spätnachmittag oder frühen Abend. Dann, wenn die meisten Badegäste schon in Aufbruchsstimmung sind, der See langsam zur Ruhe kommt und die untergehende Sonne sich atemberaubend schön auf dem Wasser spiegelt, herrscht am Wasser diese herrliche Stimmung, wie sie nur ein lauer Sommerabend erzeugen kann. Ein letzter kleiner Sprung ins Wasser, und schon geht es wieder nach Hause, bevor die Dunkelheit den See bis zum nächsten Morgen verschluckt.

Das Leben
SPIELT JETZT DRAUSSEN!

Seit wir vor einigen Jahren aus der Stadt an den See gezogen sind, hat sich unser Leben vor allem in einer Hinsicht sehr verändert: Das Leben ist auf eine sehr angenehme Art und Weise langsamer geworden. All die vielen Möglichkeiten, die das Stadtleben bietet, haben wir ganz bewusst gegen ein Leben am See, umgeben von wunderschöner Natur, eingetauscht.

Die große Freiheit, die unsere drei Töchter hier genießen dürfen, macht mich jeden Tag sehr glücklich. Ihr größter Spielplatz ist unter freiem Himmel. Tagein, tagaus streifen sie auf eigene Faust umher, klettern auf Bäume, machen sich schmutzig und bauen mal wieder einen Schnecken-Kindergarten oder ein Marienkäfer-Hotel auf der Wiese. Kürzlich ist in unserem Garten sogar ein Bienenvolk eingezogen, und ich mache meine ersten Schritte als Jung-Imkerin. Was für eine wundervolle und aufregende Aufgabe, und auf den ersten eigenen Honig freue ich mich jetzt schon!

Mit unserem Leben auf dem Land haben wir uns ein großes Stück Naturverbundenheit zurückerobert. Wir genießen den See das ganze Jahr über, aber zu keiner anderen Zeit ist dies so unkompliziert und schön wie im Sommer, wenn man sich keine Gedanken um tropfnasse Kleidung und Matsch an den Schuhen machen muss, sondern einfach barfuß am Ufer spielen kann. Wer hungrig ist, greift einfach in den Picknick-Korb, und der Heimweg führt gerne auch mal an der Eisdiele am See vorbei.

Drei schnelle
SOMMER-APERITIFS

Diese drei köstlichen Aperitifs rufen alle ganz laut: „Wie schön, dass Du da bist!". Wieso also nicht sich selbst und seine Gäste bei einer der nächsten Gelegenheiten mit einem dieser fruchtig-prickelnden Drinks begrüßen? Als Basis dient der französische Aperitifwein Lillet Blanc, der aus Wein und einem kleinen Teil Fruchtlikör besteht. Hinzu kommen weitere Zutaten wie Rosenlimonade, Holunderblütensirup, Orange, Rosmarinzweige oder Gurke. Ein erfrischender Genuss!

Zubereitungszeit pro Aperitif:
5 Minuten

Für jeweils ein Getränk
La vie en rose
· 5 cl Lillet blanc
· Eiswürfel
· 10 cl Rosenlimonade (z.B. von Fentiman's)
· frische ungespritzte Rosenblätter
· pro Glas 3 Blaubeeren

Lillet blanc über eine großzügige Portion Eiswürfel in ein großes Rotweinglas gießen. Mit Rosenlimonade auffüllen und mit den unbehandelten Rosenblättern garnieren. Vor dem Servieren noch jeweils 3 halbierte Blaubeeren dazugeben. Alternativ eignen sich auch Himbeeren oder Brombeeren.

Lillet Spritz
· 5 cl Lillet blanc
· 1 cl Holunderblütensirup
· Eiswürfel
· Sodawasser
· 2 Scheiben frische Salatgurke

Lillet blanc, Holunderblütensirup und ein paar Eiswürfel in ein großes Weinglas geben und mit Sodawasser auffüllen. Die frischen Gurkenscheiben hinzugeben und sofort servieren.

Orange Rosemary
· 1 Schnitz unbehandelte Orange
· Eiswürfel oder Crushed Ice
· 4 cl Lillet blanc
· Prosecco
· 1 frischer Zweig Rosmarin

Orangenschnitz in ein Glas geben und dieses zu drei Vierteln mit Eiswürfeln oder Crushed Ice auffüllen. Lillet blanc hinzugießen und mit Prosecco auffüllen. Den Aperitif zum Schluss mit einem Zweig Rosmarin garnieren. Wer's fruchtiger mag, gibt noch 1–2 EL frisch gepressten Orangensaft hinzu.

WARME FEIGEN
mit Ziegenkäse und Honig

Dieses Gericht ist für mich der Beweis dafür, dass die einfachsten Sachen oft die besten sind. Alles, was man für dieses feine, kulinarische Highlight benötigt, sind ein paar frische Feigen, aromatischer Ziegenkäse, Honig und eine kleine Handvoll gehackter Pistazienkerne. Diese einfache und dennoch edle Vorspeise serviere ich gerne, wenn wir Gäste haben, denn der Aufwand ist minimal, und alle sind begeistert.

Zubereitungszeit:
20 Minuten

Für 4 Personen
· 8–12 frische Feigen
· 200 g Ziegenweichkäse
· 2–3 EL Olivenöl
· etwas frischer Thymian
· Salz und Pfeffer
· 3 EL Honig
· 2 EL gehackte Pistazienkerne
· eine Handvoll Gänseblümchen

1. Den Backofen auf 175 °C (Ober-/Unterhitze) vorheizen.
2. Die frischen Feigen vorsichtig waschen, mit einem Küchentuch trocken tupfen und kreuzweise von oben bis etwa zur Hälfte einschneiden. Anschließend die Feigen vorsichtig auseinander drücken, so dass sie sich an den Schnittflächen öffnen wie Blüten. Die Feigen in eine ofenfeste Auflaufform setzen.
3. Ziegenkäse in kleine Stücke schneiden, diese in die Feigenmitte geben und alles mit etwas Olivenöl beträufeln. Anschließend mit einigen frischen Thymianblättern bestreuen, mit Salz und Pfeffer würzen und im vorgeheizten Backofen etwa 10 Minuten backen, bis der Käse beginnt, langsam weich zu werden.
4. Die gefüllten Feigen nach der Backzeit mit dem Honig beträufeln und mit den Pistazienkernen und Gänseblümchen bestreut servieren.

HERZHAFTE
Radieschen-Feta-Butter

Jahrelang habe ich für diesen Aufstrich mehrmals im Monat einige Kilometer zurückgelegt, schließlich war die ganze Familie verrückt nach diesem einen Radieschen-Feta-Dip, der schmeckte wie kein anderer. Nach unserem Umzug aufs Land rückte der Antipasti-Händler unseres Vertrauens leider in weite Ferne, also tüftelte ich so lange an einem Rezept herum, bis die Radieschen-Feta-Butter genauso lecker schmeckte wie vom Profi. Die Familie ist hellauf begeistert, und ich spare mir seitdem so manche Antipasti-Kilometer.

Zubereitungszeit:
10 Minuten

Für 200 g Aufstrich
- ½ Bund Radieschen
- 100 g Feta
- 100 g weiche Butter
- 1 gepresste Knoblauchzehe
- 2 EL frische gehackte Kräuter (z.B. Petersilie, Schnittlauch, Oregano, Thymian, Basilikum)
- Salz und Pfeffer

1 Die Radieschen waschen, putzen und mit einem Blitzhacker oder Messer in sehr kleine Würfel schneiden.
2 Feta und weiche Butter in ein hohes Gefäß geben. Die gehackten Radieschen, den Knoblauch und die fein gehackten Kräuter hinzugeben und mit einem Pürierstab kurz pürieren, bis ein streichfähiger Aufstrich entstanden ist.
3 Die Radieschen-Feta-Butter mit Salz und Pfeffer abschmecken, sofort servieren oder bis zum Verzehr kalt stellen.

Mein Tipp:
Die Radieschen-Feta-Butter schmeckt als Aufstrich ganz wunderbar, lässt sich aber auch wie eine herkömmliche Kräuterbutter für Ofenbaguette oder zur Verfeinerung von Gemüse etc. verwenden.

ORIENTALISCHER
Brotsalat

Das Vorbild für diesen Salat ist der italienische Panzanella, ein Salat aus getrocknetem Brot, Tomaten, Zwiebeln und Basilikum. Mit ein paar veränderten Zutaten und Gewürzen entsteht dieser köstliche orientalische Brotsalat. Er ist nicht nur eine wunderbare Beilage zu Gegrilltem, sondern eignet sich auch sehr gut als schnelles und leichtes Mittagessen.

Zubereitungszeit:
30 Minuten

Für 4 Personen
· 2 kleine, runde Pitabrote
· 200 g Halloumi
· 6 EL Olivenöl
· 2 große Tomaten
· 1 Salatgurke
· 1 Frühlingszwiebel
· eine Handvoll Kichererbsen aus dem Glas
· Saft einer halben Zitrone
· 1 gepresste Knoblauchzehe
· 1 Msp. Kreuzkümmel
· Salz und Pfeffer
· 1 EL frische, gehackte Petersilie
· 1 EL frische, gehackte Minze

1 Die Pitabrote in einer heißen Grillpfanne von beiden Seiten rösten, bis sie etwas Farbe annehmen und die Grillstreifen deutlich sichtbar sind. Die Brote auf einem Teller abkühlen lassen.

2 Halloumi in Scheiben schneiden, mit 1 EL Olivenöl bepinseln und in der heißen Grillpfanne von jeder Seite knusprig anbraten. Beiseite stellen.

3 Die Tomaten waschen, putzen, entkernen und in mundgerechte Stücke schneiden.

4 Gurke ebenfalls waschen, erst der Länge nach halbieren, dann vierteln und das innere Fruchtfleisch samt Kernen herausschneiden. Anschließend die Gurke in kleine Stücke schneiden und gemeinsam mit den Tomatenstücken in eine Salatschüssel geben.

5 Die Frühlingszwiebel waschen, in dünne Ringe schneiden und ebenso zu dem Salatgemüse geben.

6 Kichererbsen in einem Sieb kurz mit frischem Wasser spülen, abtropfen lassen und zum Salat hinzufügen.

7 Aus dem restlichen Olivenöl, Zitronensaft, Knoblauch, Kreuzkümmel, Salz und Pfeffer ein Dressing herstellen.

8 Pitabrote und Halloumi in etwa 2 cm große Stücke schneiden und vorsichtig unter den Salat heben.

9 Abschließend das Dressing darüberträufeln, die gehackten Kräuter unterheben und sofort servieren.

WARMER TOMATENSALAT
mit Bohnenkraut

Von allen Gemüsesorten sind Tomaten mein allerliebstes Sommergemüse. Wenn sie ausreichend mit Sonne verwöhnt wurden, entwickeln sie einen unübertroffenen Geschmack und sind damit die besten Kandidaten für diesen frischen Tomatensalat mit Bohnenkraut und Feta. Etwas frisches Baguette und ein Gläschen Weißwein dazu – und fertig ist ein wunderbares Sommergericht.

Zubereitungszeit:
25 Minuten

für 4 Personen
· 750 g aromatische Tomaten
· 3 Knoblauchzehen
· 6 EL Olivenöl
· 1 Prise Zucker
· 200 g Feta
· einige Zweige Italienisches Bohnenkraut
· Salz und Pfeffer

1 Tomaten waschen und in etwa 1 cm dicke Scheiben schneiden.
2 Die Knoblauchzehen von der äußeren Schale befreien und mit dem Messerrücken leicht plattdrücken.
3 Eine Grillpfanne mit 1 EL Olivenöl einpinseln, erhitzen und die Tomaten portionsweise zusammen mit einer Prise Zucker und dem Knoblauch von beiden Seiten kurz anbraten. Diesen Vorgang so lange wiederholen, bis alle Tomaten gebraten sind.
4 Die gegrillten Tomaten auf einer Servierplatte anrichten und mit dem restlichen Olivenöl beträufeln.
5 Abschließend den Tomatensalat mit dem zerbröselten Feta und dem frischen Bohnenkraut bestreuen, mit Salz und Pfeffer würzen und sofort servieren.

SÜSSE BRUSCHETTA
mit Pfirsichen und Basilikum

Die Kombination von Käse und süßen Früchten übt auf mich eine besonders große Anziehungskraft aus. Bei dieser Bruschetta trifft würziger Ziegenkäse auf fruchtig-süße Pfirsiche und herrlich duftendes Basilikum – eine wunderbare Vereinigung. Die belegten Röstbrote sind ein sehr beliebtes Fingerfood und aufgrund der unkomplizierten Zubereitung perfekt für einen lauen Sommerabend mit Freunden.

Zubereitungszeit:
15 Minuten

Für 4 Personen
· 100 g Ziegenfrischkäse
· 100 g saure Sahne
· 2 große Bruschetta-Brotscheiben
· 2 Pfirsiche
· Salz und Pfeffer
· 2 EL Olivenöl
· 2 TL Honig
· eine Handvoll Basilikum

1 Backofen auf 180 °C (Ober-/Unterhitze) vorheizen.
2 Ziegenfrischkäse und saure Sahne miteinander verrühren und die beiden Brotschreiben damit bestreichen.
3 Die Pfirsiche waschen, entkernen, in dünne Spalten schneiden und die Brote damit belegen.
4 Mit Salz und Pfeffer würzen und 10 Minuten im oberen Drittel des Backofens backen.
5 Anschließend die Bruschette mit Olivenöl und Honig beträufeln und das frische Basilikum darüberstreuen. Sofort servieren.

Mein Tipp:
Die Bruschette können beliebig abgewandelt werden. Beliebte Toppings sind beispielsweise Knoblauchöl, Frischkäse, Pesto, Pilze, geröstete Paprika, fein gehackte Tomaten, Spargel und Parmesan.

Pizza
VOM GRILL

In unserer Nachbarschaft kennt man uns auch als die All-Wetter-Griller, denn bei uns glüht der heiße Rost von Januar bis Dezember unermüdlich. Unser Grill-Verhalten hat sich in den letzten Jahren deutlich verändert. Wo früher Fleisch und Wurst im Vordergrund standen, bilden heute Gemüse, Grillkäse und Früchte den Mittelpunkt. Ein beliebter Klassiker, der sich auch auf dem Grill wunderbar zubereiten lässt, ist Pizza. Mit einigen Tricks ist die Zubereitung schnell abgeschlossen und die Pizza in wenigen Minuten auf dem Grill bzw. Tisch.

Zubereitungszeit:
etwa 15 Minuten

Für 4 Personen
· 1 Birne
· 4 kleine Pita-Brote
· 4 EL Crème fraîche
· Salz und Pfeffer
· 100 g Blauschimmelkäse
· etwa 8 Kirschen
· eine kleine Handvoll Löwenzahn oder Rucola

1 Die Birne waschen, Strunk und Kerngehäuse entfernen und die Frucht in dünne Scheiben schneiden. Birnenscheiben auf dem Grill (oder in der Grillpfanne) von beiden Seiten jeweils 1–2 Minuten grillen, bis sie etwas Farbe annehmen.

2 Währenddessen die Pita-Brote mit jeweils 1 EL Crème fraîche bestreichen und mit Salz und Pfeffer würzen.

3 Den Käse grob würfeln und die Kirschen halbieren. Die Pitas mit den gegrillten Birnenscheiben, dem Blauschimmelkäse und den Kirschenhälften belegen.

4 Die Pizzen auf dem Grill bei indirekter Hitze und geschlossenem Deckel etwa 4–6 Minuten grillen, bis der Käse schmilzt und die Pita-Brote eine goldene Farbe bekommen.

5 Zum Schluss die fertigen Grill-Pizzen mit etwas Löwenzahn bzw. Rucola bestreuen und sofort servieren.

Mein Tipp:
Für etwas Extravaganz und ein tolles Geschmackserlebnis sorgen ein paar Lavendelblüten auf der Pizza. Wenn das Wetter mal nicht mitspielen sollte: Die Pizzen lassen sich auch wunderbar im Backofen bei 180 °C und etwa 5–7 Minuten Backzeit zubereiten.

WASSERMELONEN-PIZZA
mit Zitronenjoghurt und Beeren

Und weiter geht's mit Pizza, nur ist es dieses Mal eine fruchtige Variante, die sich ganz hervorragend als Dessert oder Nachmittags-Snack eignet. Süß-saurer Joghurt auf saftiger Wassermelone und dazu noch frische Beeren soweit das Auge reicht. Diese ungewöhnliche Pizza begeistert nicht nur Kinder, sondern entlockt auch den Erwachsenen einige verzückte Ohhhs und Mhhhs.

Zubereitungszeit:
10 Minuten

Für 4 Personen
· 2 Scheiben Wassermelone, etwa
  2 cm dick
· 300 g Zitronenjoghurt
· frische Beeren (z.B. Erdbeeren,
  Himbeeren, Blaubeeren etc.)
· Gänseblümchen und frische
  Minze zur Dekoration

1. Die Wassermelonenscheiben auf 2 große Teller legen und gleichmäßig mit dem Zitronenjoghurt bestreichen.
2. Beeren waschen, putzen, vorsichtig trocken tupfen und die Melonenpizzen damit belegen.
3. Für die Dekoration Gänseblümchen und frische Minzblätter auf der süßen Pizza verteilen und sofort servieren.

Mein Tipp:
Wie bei herkömmlichen Pizzen auch ist der Belag dieser Dessertvariante vielfältig wandelbar. Probier die Wassermelonen-Pizza doch einmal mit Deinem Lieblingsjoghurt und -obst aus. Du wirst sehen, es schmeckt köstlich.

Erfrischender
LIMETTEN-PIE IM GLAS

Vor einigen Jahren hat mir dieser herrlich süß-saure Kuchen auf den Florida Keys total den Kopf verdreht: Der sogenannte Key-Lime-Pie hat dort Kultcharakter, und sein größtes Geheimnis ist wohl dieser zuckersüße Geschmack von ewigem Sonnenschein, Strand und Margaritas am Nachmittag. Für meine Version dieses Kuchens habe ich das klassische Key-Lime-Pie-Rezept etwas abgewandelt und in ein sommerliches Kuchendessert im Glas verwandelt.

Zubereitungszeit:
etwa 30 Minuten + Kühlzeit

Für 4–6 Personen
· 200 g Fertig-Rührkuchen (Zitronen- oder Vanillegeschmack)
· 4 Bio-Limetten
· 1 Dose gezuckerte Kondensmilch (z.B. Milchmädchen)
· 200 g Frischkäse
· 1 Pk. Vanillezucker
· frische Minze zum Dekorieren

1 Den Rührkuchen in einer Schüssel fein zerbröseln.
2 Limetten waschen, trocken reiben und von 3 Limetten den Saft auspressen.
3 Die gezuckerte Kondensmilch mit dem Frischkäse in eine Schüssel geben und mit einem Handrührgerät langsam verrühren. Die Geschwindigkeit langsam steigern, bis die Mischung schön glatt und cremig ist. Den Vanillezucker hinzugeben und weiterrühren.
4 Nun den Limettensaft nach und nach unter langsamem Rühren hinzugeben und die Geschwindigkeit erneut langsam steigern, bis eine cremige Masse entstanden ist. Die Creme ist zu Beginn meist noch recht flüssig, bekommt aber unter dem ständigen Rühren langsam eine löffelfähige Konsistenz.
5 Etwa 4–6 Dessert-/Weck- oder Trinkgläser bereitstellen und eine Schicht Kuchenbrösel als „Tortenboden" einstreuen.
6 Anschließend die Creme gleichmäßig auf die Gläser verteilen.
7 Es empfiehlt sich den Limetten-Pie im Glas für einige Stunden oder gar über Nacht kalt zu stellen.
8 Vor dem Servieren den Kuchen im Glas mit dünn geschnittenen Limettenscheiben oder Limettenzesten und frischen Minzblättchen dekorieren.

Mein Tipp:
Wer dem Dessert etwas mehr Power verleihen möchte, kann den Kuchenboden vor dem Einfüllen der Creme noch mit etwas Zitronenlikör bzw. Limoncello beträufeln.

PFIRSICH-CROSTATA
mit roten Beeren

Bei den Franzosen heißt es Galette, in Italien wird das fruchtige Gebäck mit feinem Mürbteigboden Crostata genannt. Beides schmeckt in Kombination mit saftigen Sommerfrüchten unsagbar lecker. Einen Tipp solltest Du dabei aber auf jeden Fall beherzigen: Eine Crostata schmeckt am besten, wenn sie lauwarm gegessen wird.

Zubereitungszeit:

etwa 20 Minuten + 2 Stunden
 Kühl- und Backzeit

Für einen Kuchen

- 220 g Mehl
- 50 g gemahlene Mandeln
- Abrieb von einer halben
  Bio-Zitrone
- 1 großzügige Prise Salz
- 100 g Zucker
- 200 g eiskalte Butter in Würfeln
- 3–4 reife Pfirsiche
- eine Handvoll rote Beeren
  (z.B. Erdbeeren, Himbeeren,
  Brombeeren, etc.)
- 1 EL Speisestärke
- 1 Eigelb
- 2 EL Milch

1 Mehl, Mandeln, Zitronenabrieb, Salz und die Hälfte des Zuckers in einer Schüssel miteinander vermischen. Die eiskalten Butterwürfel hinzufügen, mit den Fingern zerkleinern und alles leicht miteinander vermengen.

2 80 ml eiskaltes Wasser hinzufügen und die Masse sehr zügig zu einem Teig verkneten. Den Teig in Folie wickeln und mindestens eine Stunde kalt stellen.

3 Die Pfirsiche waschen, entkernen und in dünne Scheiben bzw. Spalten schneiden. Beeren ebenfalls waschen und große Früchte evtl. in Hälften oder Viertel schneiden.

4 Stärke und restlichen Zucker miteinander mischen, über die Früchte geben, vorsichtig unterheben und etwa 30 Minuten ziehen lassen.

5 Backofen auf 200 °C Ober-/Unterhitze vorheizen. Den Mürbteig auf einer bemehlten Fläche etwa einen halben Zentimeter dick kreisrund ausrollen und auf ein mit Backpapier belegtes Blech legen. Die Früchte auf dem Teig verteilen, dabei einen Rand von etwa 3 cm frei lassen. Nach dem Belegen den überstehenden Rand zu den Früchten hin umklappen und mit den Fingern leicht festdrücken.

6 Eigelb und Milch miteinander verquirlen und den Teigrand damit einpinseln.

7 Die Crostata im Backofen etwa 30 Minuten goldbraun backen und anschließend auf einem Kuchengitter leicht abkühlen lassen.

Mein Tipp:

Ich essen meine Crostata am allerliebsten pur, wer mag, kann aber noch eine Kugel Eis oder einen Klecks Schlagsahne dazu servieren.

Karamelleis
MIT SCHOKO-TOPPING

Dieses selbstgemachte Karamelleis klingt für Clean-Eating-Jünger möglicherweise wie der Vorhof zu Hölle, für mich ist dieser kleine Eisbecher eher die Vorstufe zum Paradies. Das Eis ist dank der Kondensmilch, mit der es zubereitet wird, an Cremigkeit kaum zu übertreffen, und der feine Karamellgeschmack hat großes Suchtpotential. Der Kekslöffel aus Mürbteig ist kein Muss, aber ein entzückendes Extra. Entsprechende Ausstech-Formen findest Du zum Beispiel im Internet.

Zubereitungszeit:
30 Minuten + Gefrier- und Backzeit

Für etwa 800 ml Eis
· eine Dose Dulce de Leche (siehe „Mein Tipp")
· 50 ml Vollmilch
· 400 ml Schlagsahne
· Mürbeteig aus dem Kühlregal
· Karamellbonbons, Nüsse und/ oder Schokolade für das Topping

1 Dose Dulce de Leche mit der Milch glatt rühren.
2 Die Schlagsahne steif schlagen und die Karamellcreme behutsam unter die Sahne heben.
3 Mischung in ein gefriertaugliches Gefäß (z.B. eine Kastenbackform) geben und für mindestens 4 Stunden im Tiefkühlschrank gut durchfrieren lassen.
4 In der Zwischenzeit die Kekslöffel aus dem fertigen Mürbeteig nach Packungsanweisung zubereiten.
5 Sobald das Eis gefroren ist, 1–2 Kugeln in ein Schälchen geben, mit fein gehackten Nüssen, Karamellbonbons und der Lieblingsschokolade bestreuen und jeweils mit einem Kekslöffel genießen.

Mein Tipp:
Dulce de Leche lässt sich ganz einfach selbst herstellen. Alternativ kannst du es aber auch schon fertig zubereitet als Spezialität in vielen Supermärkten kaufen. Wer die Karamellcreme selbst zubereiten möchte, entfernt zuallererst das Papieretikett von einer Dose gezuckerter Kondensmilch. Nun mit dem Dosenöffner an der Oberseite der Dose zwei Löcher einstechen. Dose in einen kleinen Topf stellen und diesen bis 2,5 cm unter dem oberen Dosenrand mit Wasser befüllen. Den Topf auf die Herdplatte stellen und bei mittlerer Temperatur erhitzen. Sobald das Wasser beginnt zu köcheln, die Temperatur reduzieren, so dass es nur noch leicht köchelt. Eventuell während des Kochens Wasser nachfüllen, so dass es stetig bis etwa 2,5 cm unter den oberen Dosenrand reicht. Nach etwa 3 Stunden Kochzeit den Topf von der Herdplatte nehmen, die Dulce-de-Leche-Dose mit einem Topflappen aus dem Wasserbad nehmen und vor dem Öffnen etwas abkühlen lassen. Die Karamellcreme kann nun weiterverarbeitet werden.

Erdbeermarmelade
MIT HOLUNDERBLÜTEN

Zu dieser Erdbeermarmelade mit Holunderblüten wurde ich inspiriert, als ich vor einigen Jahren bei Freunden in den Genuss einer Erdbeertorte kam, die über und über mit den weißen Blüten des Holunderbusches bestreut war. Das sah nicht nur entzückend aus, sondern schmeckte auch noch absolut unvergesslich. Bei dem Versuch, diesen einzigartigen Geschmack zu konservieren, kam mir kurze Zeit später die Idee zu dieser Blütenmarmelade. Seither gehört sie jedes Jahr zu unserem unverzichtbaren Marmeladen-Repertoire.

Zubereitungszeit:
etwa 45 Minuten

Für etwa 4–5 Gläser Marmelade
· 1,5–2 kg Erdbeeren
· 500 g Gelierzucker 1:3
· 5 Holunderblütendolden

1 Die Erdbeeren waschen, putzen und halbieren. Faulige Früchte unbedingt aussortieren bzw. die entsprechenden Stellen herausschneiden.

2 Erdbeeren gemeinsam mit dem Gelierzucker in einen großen Topf geben und etwa 15 Minuten ziehen lassen.

3 Währenddessen die Holunderblütendolden von eventuellem Ungeziefer befreien und kurz abschütteln, aber keinesfalls (!) waschen, da sonst das Aroma darunter leidet.

4 Nun die Erdbeer-Zucker-Mischung unter Rühren zum Kochen bringen. Bei starker Hitze etwa 3 Minuten sprudelnd kochen.

5 Vor dem Abfüllen in sterile Gläser die Blüten von den Holunderdolden abzupfen und in die heiße Marmelade geben. Kurz umrühren und die fertige Erdbeer-Holunderblüten-Marmelade zügig in sterile Gläser füllen. Sofort verschließen und 5 Minuten lang umgedreht auf einem Küchentuch stehen lassen.

6 Anschließend die Marmeladengläser wieder umdrehen, mit mehreren Küchentüchern oder einem Handtuch abdecken und langsam abkühlen lassen.

Mein Tipp:
Einmachgläser sterilisiere ich ganz unkompliziert im Backofen. Dazu die gründlich gereinigten und abgetrockneten Gläser in den auf 120 °C vorgeheizten Backofen geben und etwa 5–10 Minuten „backen". Die Deckel für die Marmeladengläser parallel dazu in einen Topf legen und mit etwas kochendem Wasser übergießen, bis sie ganz bedeckt sind.

DIY:
Blütensalz selber herstellen

Dieses Blütensalz eignet sich ganz hervorragend als kleines Mitbringsel bei Einladungen oder auch als Gastgeschenk für größere Feierlichkeiten, wie z.B. Hochzeiten und Taufen. In der Küche verwendet sorgt die Mischung aus feinstem Meersalz und verschiedenen Blüten für ein ganz besonderes geschmackliches Erlebnis. Wie wäre es zum Beispiel mit Blütenbutter, sie lässt sich wie Kräuterbutter für viele verschiedene Speisen verwenden und sieht dabei auch richtig hübsch aus.

Zeitaufwand:
etwa 10 Minuten + 1 Woche Trocknungszeit für die Blüten

· ungespritzte essbare Blüten wie z.B. Gänseblümchen, Kornblumen, Rosenblätter, Veilchen, Ringelblume, Kamille, Obst- und Kräuterblüten, Stiefmütterchen usw.
· Meersalz
· ein oder mehrere Glasgefäße
· Labelmaker oder hübsche Etiketten zum Beschriften
· Schleifenband oder Bäckergarn

1 Die essbaren Blüten am Morgen ernten. Sie sollten möglichst frei von Tau, aber noch nicht von der Sonne beschienen sein.
2 Blüten am Stiel in eine Vase ohne Wasser stellen und an einem dunklen, warmen Ort etwa eine Woche trocknen lassen.
3 Sobald die Blütenblätter getrocknet sind, können diese vorsichtig abgezupft und in einem sauberen, trockenen Gefäß gesammelt werden.
4 Die getrockneten Blüten mit der gewünschten Menge Meersalz vermischen und in kleine, dekorative Glasbehälter oder in eine Salzmühle füllen.
5 Wer das Blütensalz verschenken möchte, kann es noch mit einer hübschen Beschriftung versehen. Dazu einfach mit einem Labelmaker einen Schriftzug drucken oder hübsche Etiketten beschriften und diese mit etwas Schleifenband oder Bäckergarn an den kleinen Glasgefäßen befestigen.

Mein Tipp:
Wer keine Zeit oder Möglichkeit zum Blütensammeln hat, kann diese auch ganz bequem kaufen. In einigen Supermärkten erhält man mittlerweile feine Mischungen aus getrockneten Blüten. Alternativ bietet sich auch ein Wildblumentee aus dem Drogeriemarkt an.

DIY:
Einladungskarten basteln

Egal ob Sommerfest, Eisparty oder der nächste Kindergeburtstag: Anlässe für hübsche Einladungskarten gibt es viele. Diese Eis-am-Stiel-Karten sind im Nu gebastelt und kommen bei großen und kleinen Gästen immer blendend an. Das dafür notwendige Material hast Du vermutlich sowieso schon im Haus, also kann gleich losgebastelt werden.

Zeitaufwand:
etwa 30–45 Minuten

- mehrere Bögen weißes DIN A4 Tonpapier (1 Blatt Papier = 2 Einladungen)
- Becher oder Glas mit etwa 6-7 cm Durchmesser
- Bleistift
- Schere
- Wasserfarben + evtl. Deckweiß
- Pinsel
- Eisstäbchen aus Holz
- Kleber

1 Zeichne zunächst eine Vorlage für das Eis auf das Tonpapier, diese kannst Du im Anschluss als Schablone für die Einladungskarten verwenden. Dafür setzt Du einfach das Glas oder den Becher auf das Papier und fährst mit dem Bleistift einmal um die Hälfte des Gefäßes, so dass ein gleichmäßiger Halbkreis entsteht. Den Becher zur Seite legen und nun freihändig oder mit einem Lineal die offenen Enden des Halbkreises so verlängern und miteinander verbinden, dass eine gleichmäßige Eis-am-Stiel-Form entsteht. Diese Vorlage mit einer Schere ausschneiden.

2 Eine entsprechende Anzahl von Tonpapierbögen mit Wasserfarben bemalen. Hier darfst Du deiner Fantasie freien Lauf lassen: Streifen, Punkte, Formen, alles ist erlaubt. Nun das bemalte Tonpapier einige Minuten trocknen lassen. Optional kannst Du auch die Enden der Holzstiele anmalen. Dies gelingt am besten, wenn Du die gewünschte Farbe mit etwas Deckweiß mischst. Vor der Weiterverarbeitung die gemalten Kunstwerke kurz trocknen lassen.

3 Als Nächstes faltest Du das Tonpapier einmal in der Mitte und überträgst die Eis-Vorlage mithilfe der Schablone an der Falz entlang in der gewünschten Anzahl auf das Papier. Bei diesem Schritt sorgst Du dafür, dass die Einladungskarte aus zwei Teilen besteht und an der Falz aufklappbar ist. Achte darauf, sauber auszuschneiden und die Falzkante unversehrt zu lassen.

4 Sind alle Einladungen ausgeschnitten, kannst Du schon loslegen mit dem Schreiben des Einladungstextes.

5 Zum Schluss befestigst Du an jedem Eis einen Holzstiel mit etwas Klebeband an der Rückseite und fertig sind ein paar hübsche Einladungskarten für Deine nächste Party.

Mein Tipp für Eilige:
Alternativ kann anstatt des weißen Tonpapiers auch buntes oder bedrucktes Bastelpapier verwendet werden und die Beschriftung der Einladungen kann ohne Weiteres auch an PC und Drucker delegiert werden. Dazu den Einladungstext tippen, in der passenden Größe mehrmals ausdrucken, zurechtschneiden und in das Innere der Einladungskarten kleben.

Herbst
AM SEE

Wenn der Sommer sich im September langsam von uns verabschiedet, überkommt mich jedes Jahr aufs Neue ein kurzer Anflug von Trauer. Ade, laue Sommernächte und ewiges Draußensein, tschüss, Badetage am See und Picknicks im Garten, bis zum nächsten Jahr, ihr Sommersprossen und barfüßigen Kinderfüßchen!

Doch kaum sind die Gedanken zu Ende gedacht, meldet sich – ebenfalls jedes Jahr aufs Neue – schon ein erster kleiner Funken Vorfreude auf die neue Jahreszeit und erlöst mich von meinem Sommer-Herzschmerz. Der Herbst ist nämlich gar nicht so schlimm wie befürchtet, nein, ganz im Gegenteil, er ist sogar ziemlich toll.

In den Gärten hängt jede Menge reifes Obst und Gemüse, das geerntet werden will. Das Laub auf den Bäumen verfärbt sich in den allerschönsten Farben, und die Kinder freuen sich wie wild aufs Drachensteigen und Kastaniensammeln. Wenn die Regentropfen ans Fenster klopfen, schmeckt die heiße Schokolade nur umso besser, und das Sofa hat sich noch nie bequemer angefühlt als jetzt.

Wenn es draußen langsam kälter wird, erwacht bei uns drinnen wieder die große Lust am Kochen und Backen. Die leichte Sommerküche hat vorübergehend ausgedient, jetzt verlangen Körper und Seele nach reichhaltigen, warmen Speisen, die satt und zufrieden machen. Raclettebrot mit gerösteten Kürbiskernen und Tomatensuppe mit Pizzacroûtons wärmen uns von innen, während Lemon-Cheesecake und gegrillte Pfirsiche mit karamellisierten Nüssen die allerschönsten Erinnerungen an den vergangenen Sommer in uns hervorrufen.

Drinnen wird's
WIEDER GEMÜTLICH!

Mit etwas Glück verwöhnt uns der Herbst noch mit einem schönen Altweibersommer, so dass der Übergang von den Sommermonaten in die langsam kühler werdende Jahreszeit ein wenig leichter fällt. Während dieser Zeit ist das Wasser im See meist noch sehr angenehm, so dass man an manchem Tagen sogar noch baden kann.

Nach einem heißen Sommer tut die frischer werdende Luft nun so gut, und Spaziergänge am See machen jetzt ganz besonders viel Spaß. Die Kinder lassen Steine über das Wasser tanzen, und ich freue mich über den wilden Herbstwind, der meine Gedanken wie ein altes Kopfkissen aufrüttelt.

Im Garten sind wir zu dieser Zeit des Jahres fleißig damit beschäftigt, die Apfelernte einzutragen, um in einer naheliegenden Mosterei unseren eigenen Apfelsaft pressen zu lassen. Es ist unglaublich, aber ein einziger, müder Apfelbaum beschert uns schon seit Jahren so viel Apfelsaft, dass wir uns bis zum nächsten Sommer am eigenen Bio-Saft erfreuen können.

Wenn es dann irgendwann beginnt richtig kühl zu werden, verlagern wir unser Leben endgültig von draußen nach drinnen. Ab jetzt ist unser Küchentisch ein beliebter Treffpunkt, an dem nicht nur gekocht und gegessen, sondern auch viel gemalt, gebastelt und all die grauen Regentage weggespielt werden.

Käseplatte
MIT HONIGNÜSSEN

Dies ist einer meiner allerliebsten Crowdpleaser: die perfekte Käseplatte. Schnell hergerichtet, unverschämt lecker und dabei auch noch ein wahrer Augenschmaus. Die Käseplatte lässt sich sowohl als Vor- oder Hauptspeise servieren und kann auch ein Menü als Käse-Dessert perfekt abrunden. Die Zubereitung der Honignüsse benötigt etwas Vorlaufzeit, aber es lohnt sich!

Zubereitungszeit:
15 Minuten + 1–2 Wochen Reifezeit für die Honignüsse

Für 1 Käseplatte
· 100 g gemischte Nüsse
· 200 g feiner Tannenhonig
· je nach Anzahl der mitessenden Gäste mindestens 4 Hart- und Weichkäsesorten (z.B. Bergkäse, Ziegenkäse, Brie und Manchego)
· eine Auswahl aus den folgenden Käsebegleitern: Feigen, Birnen, Weintrauben, Beeren, Oliven, Cocktailtomaten, Röstgemüse, Pesto, Grissinis, Cracker, Baguette, Senfsoßen oder Chutneys

1 Für die Zubereitung der Honignüsse die gemischten Nüsse in einer heißen Pfanne ohne Öl rösten, bis sie aromatisch duften und eine schöne Farbe bekommen. Beiseite stellen und kurz abkühlen lassen.

2 Die Nüsse anschließend in ein Weckglas geben und den Honig langsam darüberlaufen lassen, bis das Glas gut gefüllt ist.

3 Das Gefäß luftdicht verschließen und die Honignüsse an einem dunklen, kühlen Ort etwa 1–2 Wochen ziehen lassen.

4 Zum Anrichten der Käseplatte die Honignüsse im Glas mittig auf ein hübsches Holzbrett, eine Servierplatte oder Schiefertafel setzen und die Käselaibe am Stück rundherum platzieren. Wer möchte, kann die verschiedenen Käsesorten für mehr Übersicht mit kleinen Schildchen versehen (z.B. aus Zahnstochern und Papier gebastelt).

5 Nun das Beiwerk wie Früchte, würzige Begleiter, Soßen, Brotstangen und Co. zwischen dem Käse ausgewogen anordnen.

6 Darauf achten, dass die Käse-Vielfalt im Mittelpunkt steht und nicht von zu viel Beiwerk verdrängt wird. Außerdem sollte noch genügend Platz zum Schneiden sein. Ein oder mehrere Käsemesser erleichtern das Schneiden und Portionieren.

Mein Tipp:
Für eine Käseplatte als Vorspeise berechnet man etwa 100 g Käse pro Person. Wer das Käsebrett als Hauptgericht serviert, benötigt ungefähr 200–300 g und für die Käseauswahl zum Dessert genügen etwa 50–80 Gramm pro Person.

OFEN-BAGUETTE
mit Kräutern und Rösttomaten

Dieses Gericht ist ganz zufällig und quasi im Vorbeigehen entstanden. Weil die Zeit für das Hacken der Kräuter nämlich zu kurz war, wanderten diese eines Tages einfach am Stück in das Baguette. Und siehe da: Das sieht nicht nur hinreißend aus, sondern schmeckt auch noch richtig gut. Seitdem ist dieses Ofenbaguette ein fester Bestandteil meines Küchenrepertoires.

Zubereitungszeit:
45 Minuten

Für 4 Personen
· 1 rustikales Baguette
· 100 g weiche Butter
· 1 gestrichener TL Kräutersalz
· 2–3 EL gehackte Kräuter (frisch oder TK)
· 3–4 Knoblauchzehen
· frisch gemahlener Pfeffer
· etwa 15 Zweige frische Kräuter (z.B. Thymian, Rosmarin, Oregano)
· 250 g kleine Strauchtomaten am Stiel
· 2 EL Olivenöl
· grobes Meersalz
· 125 g Mini-Mozzarella

1 Backofen auf 200 °C (Ober-/Unterhitze) vorheizen.

2 Das Baguette scheibenartig einschneiden, dabei nicht ganz durchschneiden, so dass die Brotscheiben am unteren Ende noch miteinander verbunden sind.

3 Die Butter mit dem Kräutersalz, den Kräutern und einer gepressten Knoblauchzehe vermischen und kräftig verrühren. Mit Pfeffer und eventuell einer weiteren Prise Kräutersalz abschmecken.

4 Die frische Kräuterbutter mit einem Messer vorsichtig in die Baguette-Einschnitte geben und möglichst gleichmäßig verstreichen. Zum Schluss in jeden Brotschlitz einen Kräuterzweig der Länge nach hineinstecken.

5 Das Baguette locker in etwas Alufolie wickeln und in den Kühlschrank geben.

6 Strauchtomaten behutsam waschen und in eine ofenfeste Form legen.

7 Die restlichen Knoblauchzehen schälen und ebenfalls hinzugeben. Mit Olivenöl beträufeln und mit Salz und Pfeffer würzen.

8 Tomaten etwa 15–20 Minuten im Backofen rösten, bis sie leicht aufplatzen und der Tomatensaft beginnt auszutreten.

9 Etwa 10 Minuten vor Garzeitende der Tomaten das Ofenbaguette in den Backofen geben und in der Alufolie verpackt mitbacken.

10 Nach Ende der Zubereitungszeit das Baguette aus der Alufolie wickeln.

11 Mozzarella zu den Rösttomaten geben und mit dem warmen Ofenbaguette servieren.

Mein Tipp:
Das Ofenbaguette schmeckt übrigens auch sehr lecker, wenn man anstatt der Kräuterbutter etwas geriebenen Käse in die Broteinschnitte gibt.

Raclette-Brot
MIT GERÖSTETEN KÜRBISKERNEN

Raclette schmeckt zu gut, um es nur wenige Male im Jahr zu genießen, oder? Sobald es draußen kälter wird, legen wir in unserem Kühlschrank einen ersten Vorrat an Raclette-Käse an. Im Alltag genießen wir die Raclette-Brote mit gerösteten Kürbiskernen gerne mal als warmes, unkompliziertes Abendessen oder auch hin und wieder als Brotzeit zwischendurch.

Zubereitungszeit:
20 Minuten

Für 4 Personen
· 4 EL Kürbiskerne
· 8 Scheiben Sauerteigbrot
· etwa 400 g Raclette-Käse
· 2 frische Frühlingszwiebeln
· Raclette-Gewürzmischung

1 Backofen mit Grillfunktion auf 200 °C vorheizen.

2 Die Kürbiskerne in einer heißen Pfanne ohne Öl rösten, bis sie leicht Farbe annehmen und einen angenehmen Duft verbreiten.

3 Die Brotscheiben auf ein mit Backpapier belegtes Blech legen und mit dem Raclette-Käse belegen.

4 Im oberen Drittel des vorgeheizten Ofens so lange backen, bis der Käse zerläuft und erste Blasen wirft.

5 Die Frühlingszwiebeln in Ringe schneiden. Die Raclette-Brote mit Frühlingszwiebel-Ringen, den gerösteten Kürbiskernen und etwas Raclette-Gewürz bestreut servieren.

Mein Tipp:
Auch lecker: frische Paprikascheiben und Perlzwiebeln auf dem Raclette-Brot.

Bratpaprika
MIT MANCHEGO

Dieses einfache Gericht schmeckt nach den allerschönsten Erinnerungen an den letzten Sommer und tröstet damit über jeden noch so nasskalten Herbsttag hinweg. Die Pimientos de Padrón, wie sie eigentlich heißen, sind mittlerweile in gut sortierten Supermärkten oder auf dem Wochenmarkt ganzjährig erhältlich und brauchen außer einer großzügigen Portion Olivenöl, Meersalz und Pfeffer nicht mehr viel.

Zubereitungszeit:

10 Minuten

für 4 Personen

· 200 g Bratpaprika (Pimientos de Padrón)
· 8 EL Olivenöl
· grobes Meersalz und Pfeffer
· 200 g Manchego-Käse
· 1 rustikales Baguette

1 Die Bratpaprika waschen und mit einem Küchentuch abtrocknen.
2 Olivenöl in einer Pfanne erhitzen und die kleinen Paprikaschoten unter gelegentlichem Wenden so lange braten, bis die Haut Blasen wirft.
3 Pimientos vorsichtig mit dem Bratöl in eine Servierschale geben und mit Meersalz und Pfeffer großzügig würzen.
4 Den Manchego-Käse in mundgerechte Stücke schneiden und zusammen mit dem frischen Baguette zu den Bratpaprika servieren.

Mein Tipp:

Pimientos de Padrón sind eigentlich recht mild im Geschmack, dennoch besagt eine Legende, dass jede siebte Paprikaschote scharf sein soll – wer scharfes Essen nicht mag, sollte die Bratpaprika unter Umständen mit Vorsicht genießen.

TOMATENSUPPE
mit Pizza-Croûtons

Diese Suppe ist bei meinen Kindern sehr beliebt. Das Highlight sind die Pizzacroûtons als Suppeneinlage. Auf die Idee für die Croûtons kam ich eines Mittags, als ich einen Verwendungszweck für die übrig gebliebenen Pizza-Stücke vom Vortag suchte. Ganz spontan landete die Pizza nach einer kurzen Aufwärmrunde im Toaster anschließend in kleine Würfel geschnitten in der Suppe. Wenn gerade keine Pizza vom Vortag übrig ist, bereite ich ein paar schnelle Pizza-Varianten aus Toastbrot zu.

Zubereitungszeit:
30 Minuten

Für 4 Personen
- 1 kleine Zwiebel
- 1 Knoblauchzehe
- 2 EL Olivenöl
- 2 Dosen Pizzatomaten (à 400 g)
- 2 EL Tomatenmark
- 500 ml Gemüsebrühe
- 50 g geriebener Parmesan
- 4 Scheiben Vollkorntoast
- 4 EL geriebener Pizzakäse
- 200 g saure Sahne
- Salz und Pfeffer
- 2 EL gehackte italienische Kräuter (frisch oder TK)
- eine kleine Handvoll Basilikumblätter zum Servieren

1 Backofen-Grill auf 180 °C vorheizen.

2 Zwiebel und Knoblauch schälen und in kleine Würfel schneiden.

3 Das Olivenöl in einem Suppentopf erhitzen und die Zwiebel- und Knoblauchwürfel darin glasig dünsten.

4 Anschließend die Pizzatomaten und das Tomatenmark hinzugeben, verrühren und kurz schmoren lassen.

5 Für die Pizzacroûtons nun etwa 4 EL der Tomatensoße abnehmen und bis zur Weiterverarbeitung in einem kleinen Schälchen aufbewahren.

6 Die Gemüsebrühe nun vorsichtig zu den Tomaten in den Topf gießen und die Suppe gemeinsam mit der Hälfte des Parmesans etwa 10 Minuten bei geringer Hitze köcheln lassen.

7 Währenddessen die 4 Toasts auf ein mit Backpapier belegtes Backblech geben, gleichmäßig mit der zurückgehaltenen Tomatensoße bestreichen und mit dem geriebenen Pizzakäse und dem restlichen Parmesan bestreut im Backofen etwa 10 Minuten backen, bis der Käse beginnt zu schmelzen und die Pizza-Toasts eine goldene Farbe annehmen. Nach dem Backen die Toasts kurz abkühlen lassen.

8 Die Suppe nach der Kochzeit vom Herd nehmen, saure Sahne einrühren und mit einem Pürierstab kurz sämig mixen.

9 Mit Salz und Pfeffer abschmecken sowie die gehackten Kräuter unterrühren. Nun die Suppe auf 4 Tellern verteilen und ganz nach Belieben und Geschmack einige Pizzacroûtons in die Mitte des Suppentellers geben.

10 Suppe mit frischem Basilikum bestreuen und heiß servieren.

Spaghetti
MIT BROTBRÖSELN

Diese Pasta con la mollica, wie sie in Süditalien genannt wird, galt früher als Arme-Leute-Gericht. Zu Zeiten, als viele Menschen es sich nicht leisten konnten, geriebenen Käse über ihre Nudeln zu streuen, ersetzten sie diesen durch altbackenes Brot, dass erst gerieben und anschließend knusprig geröstet wurde. Bei der Zubereitung dieser einfachen Herbst-Pasta sollte man eine goldene Regel unbedingt beherzigen: Die wenigen Zutaten, die verwendet werden, sollten erstklassig sein: feine Nudeln, gutes Brot, frische Kräuter, die allerbesten sonnengetrockneten Tomaten und natives Olivenöl. Hält man sich daran, steht einem simplen kulinarischen Highlight nichts mehr im Wege.

Zubereitungszeit:
etwa 25 Minuten

Für 4 Personen
· 500 g Spaghetti
· 150 g altbackenes Brot
· 8 EL Olivenöl
· 1 Knoblauchzehe
· etwa 8 sonnengetrocknete, in Öl eingelegte Tomaten
· 2 EL frische, fein gehackte Petersilie
· 2 EL fein geriebener Parmesan
· Salz und Pfeffer

1 Die Nudeln nach Packungsanweisung bissfest garen.

2 Das getrocknete Brot mit der Küchenmaschine zerkleinern. Alternativ kann man es auch in einen Gefrierbeutel geben, diesen verschließen und mit dem Nudelholz so lange darüber walken, bis das Brot in mittelfeine Brösel gemahlen wurde.

3 4 EL Olivenöl in einer Pfanne erhitzen und das Brot darin goldbraun und knusprig rösten. Die Knoblauchzehe pressen und hinzugeben.

4 Die getrockneten Tomaten kurz abtropfen lassen, ebenfalls in kleine Stücke schneiden und kurz mitbraten.

5 Die geröstete Brot-Mischung von der Herdplatte nehmen und die fein gehackte Petersilie sowie den geriebenen Parmesan unterrühren. Leicht mit Pfeffer und evtl. etwas Salz würzen.

6 Sobald die Nudeln al dente gekocht sind, das Wasser abgießen. Das restliche Öl über die Nudeln träufeln und diese auf 4 Tellern verteilen. Großzügig mit den Brotbröseln bestreuen und sofort servieren.

Mein Tipp:
Wer dieser köstlichen Kohlenhydrate-Schlacht noch etwas mehr Frische verleihen möchte, hebt einfach ein paar saftige, halbierte Cherry-Tomaten, gegrillte Zucchini-Stückchen oder anderes Lieblingsgemüse unter die Nudeln.

SCHNELLER GNOCCHI-AUFLAUF
mit Tomaten und Mozzarella

Manche Tage verlangen nach einem Gericht, das nicht nur satt macht, sondern einem gleichermaßen auch dieses besondere Zufriedenheitsgefühl vom Kopf bis in die Zehenspitzen schenkt. Dieser Gnocchi-Auflauf mit Tomaten und Mozzarella ist wie geschaffen für Tage wie diese. Dank einiger Convenience-Produkte ist er unkompliziert in der Zubereitung und ein gelingsicherer Crowdpleaser.

Zubereitungszeit:
etwa 1 Stunde

Für 4 Personen
· 6 EL Olivenöl
· 1 kleine Zwiebel
· 1–2 Knoblauchzehen
· 2 Dosen Pizzatomaten (à 400 g)
· 2 EL gehackte italienische Kräuter (frisch oder TK)
· 50 g geriebener Parmesan
· 1 Packung Gnocchi aus dem Kühlregal
· 2 EL Frischkäse
· 1 Prise Zucker
· Salz und Pfeffer
· 1 Packung Mini-Mozzarella (ca. 250 g)
· eine kleine Handvoll frische Basilikumblätter zum Bestreuen

1 4 EL Olivenöl in einer Pfanne oder einem Topf erhitzen. Die Zwiebel und den Knoblauch schälen und fein hacken. Zwiebel- und Knoblauchwürfel im Öl anbraten und nach wenigen Minuten mit den Pizzatomaten ablöschen. Die gehackten Kräuter sowie etwa ein Drittel des geriebenen Parmesans hinzugeben, und die Soße etwa 20–30 Minuten auf kleiner Flamme einkochen lassen.

2 Währenddessen einen Topf Wasser erhitzen und den Backofen auf 180 °C (Ober-/Unterhitze) vorheizen.

3 Die Gnocchi nach Packungsanweisung zubereiten.

4 Sobald die Tomatensoße etwas eingedickt ist, den Frischkäse einrühren und mit einer Prise Zucker, Salz und Pfeffer abschmecken.

5 Eine feuerfeste Auflaufform mit 1 EL Olivenöl einpinseln und die fertige Tomatensoße hineingeben. Die gegarten Gnocchi und die abgetropften und halbierten Mini-Mozzarella-Kugeln gleichmäßig in der Form verteilen.

6 Den Auflauf anschließend mit dem restlichen Parmesan bestreuen, mit dem letzten EL Olivenöl beträufeln und im oberen Drittel des Backofens etwa 5–10 Minuten backen, bis der Käse langsam beginnt zu zerlaufen.

7 Den Gnocchi-Auflauf mit frischem Basilikum bestreut servieren.

Mein Tipp:
Der Gemüseanteil der Soße lässt sich noch beliebig erhöhen, indem fein gehackte Pilze oder Zucchini hinzufügt werden. Wer knapp in der Zeit ist, kann die selbstgekochte Tomatensoße einfach durch die gleiche Menge eines fertig gekauften, erstklassigen Tomaten-Sugos ersetzen.

GEMÜSETARTE
mit Halloumi und Pinienkernen

Diese herzhafte Tarte versorgt Dich im Handumdrehen mit einer Extraportion Gemüse. Der Belag ist beliebig austauschbar. Trau Dich ruhig, ein bisschen kreativ zu werden! Rote Paprika sind bei Dir nicht so beliebt? Dann ersetze sie einfach durch Pilze oder Cherrytomaten. Wer keinen Halloumi mag, lässt diesen einfach weg und verwendet stattdessen andere würzige Käsesorten, wie z.B. Feta, geräucherten Mozzarella oder Ziegenkäse. Viel Freude beim Herumprobieren und Genießen!

Zubereitungszeit:
etwa 1 Stunde

Für 4 Personen
· ein frischer Tarte-Teig aus dem Kühlregal (z.B. von Tante Fanny)
· 400 g Zucchini (grüne und gelbe Sorte)
· 1 kleine rote Paprika
· 100 g Halloumi
· 1 Knoblauchzehe
· 3 EL Olivenöl
· Salz und Pfeffer
· 3 EL Crème fraîche
· 1–2 EL Pinienkerne
· frisches Basilikum zum Servieren

1 Den Backofen auf 190 °C (Ober-/Unterhitze) vorheizen.

2 Tarte-Teig ausrollen und auf ein mit Backpapier belegtes Backblech legen.

3 Das Gemüse waschen, putzen bzw. entkernen und gemeinsam mit dem Halloumi in kleine Würfel schneiden.

4 Die Knoblauchzehe schälen, fein hacken und mit den Gemüse- und Käsewürfeln in eine Schüssel geben.

5 Olivenöl darüberträufeln, mit Salz und Pfeffer würzen und die Gemüse-Käse-Mischung vorsichtig vermengen.

6 Crème fraîche in die Teigmitte geben und mit der Rückseite eines Löffels verteilen und glatt streichen. Dabei einen Rand von etwa 3 cm frei lassen.

7 Die Gemüsemischung darauf verteilen. Die Pinienkerne über die Gemüsemischung streuen, den Teigrand nach innen einklappen und mit den Fingern leicht festdrücken.

8 Die Tarte im vorgeheizten Ofen etwa 40–45 Minuten knusprig golden backen.

9 Nach der Backzeit kurz auf dem Backblech abkühlen lassen, danach warm mit frischem Basilikum bestreut genießen.

Lemon-Cheesecake
MIT BLAUBEEREN

Aus all den Zitronen, die einem das Leben manchmal präsentiert, sollte man hin und wieder einen feinen Zitronenkuchen backen. Dieser No-Bake-Lemon-Cheesecake wird, wie der Name es schon sagt, gar nicht wirklich gebacken, sondern darf sich vor dem Verzehr lediglich ein paar Stunden im Kühlschrank gönnen. Hinterher begeistert er mit einer unverwechselbaren süß-sauren Frische. Ich finde: Zitronen haben noch nie besser geschmeckt!

Zubereitungszeit:
30 Minuten + Kühlzeit

Für einen Kuchen (Ø 26 cm)
· 150 g Butterkekse (z.B. Leibniz Lemon Cheesecake Style)
· 100 g Butter
· 2 Pk. weiße gemahlene Gelatine
· 500 g Frischkäse
· 400 g Zitronenjoghurt
· 50 g Zucker
· 2 EL Zitronensaft
· 1 Schale Blaubeeren
· essbare Blüten (z.B. Kamillen- blüten)

1 Die Butterkekse in einen Gefrierbeutel geben, verschließen und mit einem Nudelholz so lange darüberrollen, bis die Butterkekse zu feinen Keksbröseln gemahlen sind.

2 Butter zerlassen und gemeinsam mit den Keksbröseln in eine Schüssel geben. Gut miteinander vermengen.

3 Den Boden einer runden Tortenspringform mit etwas Backpapier auslegen und die Keks-Butter-Mischung hineingeben. Die Brösel mit dem glatten Boden eines Bechers oder einer Tasse gleichmä- ßig in die Form drücken, so dass ein stabiler Keks-Tortenboden entsteht. Den Tortenboden in den Kühlschrank stellen.

4 Die Gelatine nach Packungsanweisung mit etwas Wasser zube- reiten und etwa 10 Minuten quellen lassen.

5 In einer großen Schüssel Frischkäse, Zitronenjoghurt, Zucker und Zitronensaft cremig rühren.

6 Die gequollene Gelatine unter Rühren erhitzen. Anschließend kurz abkühlen lassen und in eine Schüssel geben. Ein paar EL der Frischkäse-Creme hinzugeben und unterrühren. Nach und nach die gesamte Creme hineinrühren. Dabei darauf achten, dass möglichst keine Klümpchen entstehen.

7 Anschließend die Creme auf den Butterkeks-Tortenboden gießen und mit einem Teigschaber gleichmäßig verteilen und glatt streichen. Den Cheesecake ein paar Stunden (oder besser über Nacht) an einem kühlen Ort fest werden lassen.

8 Sobald die Frischkäsecreme fest geworden ist, die Springform vorsichtig lösen und eine Schale gewaschene und getrocknete Blaubeeren im Halbkreis auf dem Lemon-Cheesecake verteilen. Mit ein paar essbaren Blüten dekorieren und gekühlt genießen.

Mein Tipp:
Der Cheesecake lässt sich mit beliebigem Obst dekorieren. Neben Blaubeeren eignen sich auch Erdbeeren, Himbeeren, Pfirsiche, Aprikosen etc.

HIMBEER-DESSERT
im Glas

Mit etwas Glück verwöhnt uns der frühe Herbst nicht nur mit ein paar Sonnenstrahlen, sondern auch noch mit vielen reifen Beerenfrüchten, so dass wir sanft und ganz langsam in die kühlere Jahreszeit gleiten können. Dieses Dessert im Glas ist wie gemacht für die Übergangszeit, wenn der Sommer sich leise von uns verabschiedet und wir damit beschäftigt sind, noch ein paar wärmende Sonnenstrahlen einzufangen. Dank seines Daseins hinter Glas kann dieses Kuchendessert überall gelöffelt werden: auf der Pickinickdecke, im Büro oder auf der heimischen Gartenbank.

Zubereitungszeit:
etwa 30 Minuten + Kühlzeit

Für 4 Personen
· 1 heller Wiener Tortenboden
· 250 g Himbeeren
· 1 gehäufter EL Himbeermarmelade
· 200 g Frischkäse
· 150 g Natur-Joghurt
· 2 EL Zucker
· 1 Pk. Vanillezucker
· Abrieb einer halben Bio-Zitrone
· ein paar Blätter frische Minze zum Garnieren

1 Den Tortenboden mit den Händen in kleine Stücke reißen bzw. bröseln. Jeweils 3–4 EL des Biskuits in ein Weckglas geben und leicht andrücken. Den Rest des Wiener Bodens in einen Gefrierbeutel geben und für eine spätere Verwendung einfrieren.

2 Die Himbeeren behutsam waschen, einige schöne Früchte für die Dekoration beiseitelegen, die restlichen Früchte mit der Himbeermarmelade erhitzen, kurz aufkochen lassen und anschließend zum Abkühlen beiseite stellen.

3 Frischkäse, Joghurt, Zucker, Vanillezucker und Zitronenabrieb glatt rühren und gleichmäßig auf die 4 Gläser verteilen.

4 Sobald die Himbeeren komplett erkaltet sind, diese auf die Frischkäse-Joghurt-Creme im Glas geben und vorsichtig glatt streichen.

5 Die Kuchendesserts mit den restlichen Himbeeren und einigen Blättern Pfefferminze dekorieren und bis zum Verzehr kalt stellen.

Mein Tipp:
Ganz besonders lecker schmeckt das Kuchendessert, wenn man es vor dem Servieren mit feinen Raspeln aus weißer oder dunkler Schokolade betreut.

GEGRILLTE PFIRSICHE
mit Mascarpone und
karamellisierten Nüssen

Das ist ein Dessert ganz nach meinem Geschmack: einfach, umwerfend köstlich und auch noch hübsch anzusehen. Wenn der Spätsommer oder der frühe Herbst uns noch mit allerlei reifem Obst verwöhnen, lässt sich diese Nachspeise aus gegrillten Pfirsichen ganz schnell auf dem Grill oder alternativ auch in einer Grillpfanne auf dem Herd zubereiten. Gegrillte Pfirsiche und Mascarpone-Vanille-Creme sind wie füreinander geschaffen und werden mit einer Handvoll karamellisierter Nüsse zu einem unvergesslichen Spätsommerdessert.

Zubereitungszeit:
25 Minuten

Für 4 Personen
- 50 g Walnüsse
- 30 g Zucker
- 250 g Mascarpone
- 1–2 EL Mineralwasser mit Kohlensäure
- 1 Pk. Vanillezucker
- 4–6 reife Pfirsiche
- 1 EL weiche Butter
- 2 EL Honig
- ein paar Blätter frische Minze

1 Die Nüsse grob hacken und beiseite stellen.

2 Zucker mit 30 ml Wasser bei hoher Temperatur aufkochen. Sobald die Mischung beginnt, sich leicht bräunlich zu verfärben und eine dickliche Konsistenz bekommt, die Temperatur herunterdrehen, die Nüsse hinzugeben und zügig rühren, bis sie von einer Karamellschicht bedeckt sind. Die karamellisierten Nüsse zum Abkühlen auf etwas Backpapier oder einen Teller geben.

3 Marscarpone mit 1–2 EL Mineralwasser und dem Vanillezucker glatt rühren und im Kühlschrank kalt stellen.

4 Pfirsiche behutsam waschen, abtrocknen und mit einem scharfen Messer halbieren und entkernen.

5 Eine Grillpfanne erhitzen.

6 Die Schnittseite der Pfirsiche dünn mit etwas weicher Butter einpinseln.

7 Die Pfirsiche von beiden Seiten anbraten, bis sie beginnen weich zu werden und die Grillstreifen sichtbar werden.

8 Die gegrillten Pfirsiche auf einem Brett oder einer Servierplatte anrichten. Mit Honig beträufeln, mit den karamellisierten Nüssen bestreuen und zusammen mit der Mascarponecreme und etwas frischer Minze servieren.

Mein Tipp:
Für dieses Dessert kannst Du je nach Saison unterschiedliche Früchte verwenden. Ganz wunderbar eignen sich auch Birnen, Aprikosen, Nektarinen, Ananas oder Wassermelone. Wer etwas mehr Erfrischung möchte, ersetzt die Mascarpone-Creme einfach durch eine Kugel Eis.

DIY:

Hübsche Eukalyptuskränze binden

Eukalyptus ist momentan aus trendigen Blumenarrangements nicht mehr wegzudenken, und auch ich dekoriere sehr gerne mit den frischen Zweigen des Eukalyptusbaumes. Egal ob alleinstehend in der Vase, hübsch arrangiert im Blumenstrauß oder wie hier, zu einem Blumenkranz gebunden – die Zweige mit den außergewöhnlichen Blättern sehen überall grandios aus und tauchen den Raum zudem in einen dezenten, leicht süßlichen Duft.

Zeitaufwand:
etwa 30 Minuten

- 1–2 Bund frische Eukalyptuszweige
- ein paar Zweige Schleierkraut in Weiß oder Rosa
- Blumendraht
- Blumenschere
- Zange
- evtl. Metallring oder Stickrahmen
- Schleifenband

1 Am einfachsten gelingen die Blumenkränze, indem man einige Eukalyptuszweige mit Blumendraht umwickelt. Wer stabilere und eventuell auch größere Kränze wünscht, kann zusätzlich noch einen Metallring verwenden. Diese sind in unterschiedlichen Größen in Läden für Bastelbedarf erhältlich. Alternativ eignen sich noch alte Stickrahmen aus Holz.

2 Zu Beginn die Eukalyptuszweige auf einem Tisch ausbreiten.

3 Für einen einfachen Eukalyptuskranz einen Zweig Eukalyptus nehmen (dazu eventuell große Zweige mit der Blumenschere in kleinere Zweige zerteilen) und Stück für Stück in großzügigen Abständen mit Blumendraht umwickeln. Kurz bevor ein Zweig endet, einen neuen Zweig anlegen und ebenfalls mit dem Blumendraht umwickeln. Dies so lange wiederholen, bis die gewünschte Größe bzw. Länge erreicht ist. Ggf. das Schleierkraut mit einbinden.

4 Nun die beiden Zweigenden zusammenführen und mit dem Draht umwickeln, so dass diese fest miteinander verbunden sind.

5 Der Blumenkranz lässt sich nun durch die Drahtverstärkung zu einem gleichmäßig runden Kreis formen.

6 Diesen Vorgang so oft wiederholen, bis die gewünschte Anzahl an Blumenkränzen gebunden ist.

7 Anschließend die Kränze mit etwas Schleifenband wie gewünscht an der Wand, am Fenster oder an einem beliebigen Lieblingsplatz aufhängen.

Mein Tipp:
Eukalyptus ist ganz besonders pflegeleicht. In der Vase halten die Zweige mit frischem Anschnitt und regelmäßigem Wasseraustausch bis zu 3 Wochen. Die gebundenen Eukalyptuskränze trocknen zwar nach einigen Tagen, sehen aber auch in getrocknetem Zustand noch sehr hübsch aus.

DIY:
Tischkärtchen basteln

Im Herbst verlegt sich das Leben langsam wieder von draußen nach drinnen. Ich tröste mich über diese Tatsache gerne damit hinweg, dass ich mich so oft wie möglich mit meinen Lieblingsmenschen umgebe. Egal ob gemütlicher Brunch, entspannter Kaffeeklatsch oder ein Abendessen mit Freunden – an Gelegenheiten für schönes Beisammensein fehlt es glücklicherweise nie. Auf eine opulente Tischdeko verzichte ich dabei gerne, stattdessen schmücken diese individuellen Tischkarten jede kleine oder große Tafel auf besonders hübsche und dezente Weise.

Zeitaufwand:
etwa 20 Minuten

Für die Blumenvasen Tischkärtchen:
· eine beliebige Anzahl von Salz- und Pfefferstreuern (je nach Anzahl der Gäste)
· Bäckergarn
· frische kleinblättrige Blümchen und etwas Schleierkraut
· Zahnstocher
· Namenschilder
· durchsichtiges Klebeband

1 Für die kleinen Vasen-Tischkärtchen eine beliebige Anzahl von Salz- und Pfefferstreuern am Flaschenhals mit etwas Bäckergarn umwickeln und dieses zu einer kleinen Schleife zusammenbinden.

2 Die Mini-Vasen zur Hälfte mit Wasser füllen und jeweils ein paar hübsche Blümchen mit etwas Schleierkraut darin arrangieren.

3 Die Namen der Gäste entweder per Hand oder am Computer schreiben und gegebenenfalls ausdrucken. Die Namen gleichmäßig als Papierstreifen ausschneiden und an den Enden spitz einschneiden.

4 Auf der Rückseite der Namensschilder jeweils einen Zahnstocher mit etwas Klebeband befestigen. Die Namensschilder nun in die Mitte jeder Vase stecken und diese auf den jeweiligen Plätzen verteilen, so dass sie für die Gäste gut sichtbar sind.

Für die kleinen Terrakotta Tischkärtchen:
· eine beliebige Anzahl von kleinen Terrakotta-Gefäßen (je nach Anzahl der Gäste)
· schmales Schleifenband
· Moos
· Zahnstocher
· Namenschilder

1 Für die Terrakotta-Tischkärtchen um jedes Gefäß mittig ein hübsches Band mit Schleife binden. Etwas Moos zu einer kleinen Kugel formen und in das Terrakotta-Gefäß geben.

2 Die Namenskärtchen nach obiger Anleitung anfertigen und jeweils ein fertiges Namensschild in die Mitte des Moos-Töpfchens stecken.

3 Die kleinen Terrakotta-Tischkärtchen gut sichtbar auf den Tellern der Gäste platzieren.

Winter AM SEE

Wenn der November sich mit all seinen grauen Tagen endlich zu Ende neigt, beginnt am 1. Dezember der meteorologische Winter. Auf diese Zeit im Jahr freuen sich vor allem unsere Kinder immer ungemein, hat sie doch so unendlich viel zu bieten, was Kinderherzen höher schlagen lässt. Mit etwas Glück sind vielleicht schon die ersten Schneeflocken vom Himmel gefallen. Draußen zaubert die klirrende Kälte jedem die wunderschönsten Apfelbäckchen ins Gesicht und wenn meine Töchter hinterher ihre kalten Finger um eine Tasse heißer Schokolade schließen, tanzen die Endorphine Tango.

Nichts ist so beruhigend wie eine stille Winterlandschaft, und auch der See schläft nun tief und fest. Alle paar Jahre friert das Ufer des Sees weiträumig ein, so dass Spaziergänge darauf möglich sind. Dann trifft sich das ganze Dorf auf dem Eis zum Schlittschuhlaufen, Eisstock-schießen oder Eis-Surfen. Ein wunderbares Spektakel!

In der Küche übernimmt jetzt wärmendes Soulfood die Hauptrolle. Gebackener Käse mit Cranberry-Himbeer-Soße, deftige Wintersuppe mit gerösteten Kichererbsen oder Lavendelmilchreis mit Zwetschgen-röster und Spekulatiusbröseln schmecken wie eine Umarmung und machen uns richtig satt und zufrieden.

Mit dem ersten Adventssonntag wächst die Vorfreude auf Weihnachten, und bis es so weit ist, füllen wir langsam unsere Plätzchen-Dosen und dekorieren das Haus weihnachtlich.

DIESES GEFÜHL
von wattiger Glückseligkeit

Ich kann mich noch genau daran erinnern, wie sich Weihnachten für mich als Kind angefühlt hat. Das Haus war ein einziges Lichtermeer, es duftete herrlich nach Butterplätzchen, Zimt und ausgepusteten Kerzen. In der Küche wurden leckere Speisen zubereitet und auf dem Herd köchelte der frische Weihnachtspunsch vor sich hin. Nach der Bescherung verwandelte sich unsere kindliche Aufregung langsam in ein Gefühl von wattiger Glückseligkeit, bis wir irgendwann mit einem schweren Plätzchenbauch einschlummerten.

Wenn ich heute meine drei Töchter beobachte, wie sie mit großen Augen und aufgeregt wie ein Flitzebogen an Heiligabend über den Zauber der Weihnacht staunen, werde auch ich wieder zum Kind und tauche für einen kleinen Moment ab in all den zuckersüßen Erinnerungen. Zu unserem Weihnachten gehören Spaziergänge am verschneiten See, Bratäpfel und viele Plätzchenback-Nachmittage, Schlittenfahren auf dem Rodelberg hinter dem Haus, heiße Lebkuchenmilch mit Schlagsahne, gemütliche Bastelstunden am Küchentisch und viele, viele Weihnachtsmarktbesuche.

In der Weihnachtszeit denke ich mir gerne einfache Geschenke aus der Küche aus und mache lieben Menschen damit eine kleine Freude. Statt dem obligatorischen Plätzchenteller bringe ich zu Einladungen lieber ein Glas Lebkuchenzucker mit, und warum an den Adventssonntagen nicht mal eine festliche Wintertorte mit Karamellcreme statt Stollen & Co. servieren? Deine Gäste werden begeistert sein!

BLAUBEER-SMOOTHIE
mit Zimtsternen

Für einen wunderbaren Start in den Tag sorgt dieser schnell gemixte Winter-Smoothie im Festtagskleidchen. Die Blaubeeren liefern eine Extradosis Vitamine und ein paar hineingemogelte Zimtsterne verleihen dem Smoothie nicht nur eine ganz besondere Note, sondern halten auch ganz nebenbei den Plätzchen-Hunger im Zaum.

Zubereitungszeit:
etwa 5 Minuten

Für 2 Smoothies
· 125 g Blaubeeren (frisch oder TK)
· 200 g Natur-Joghurt
· 200 ml Milch
· 2 Zimtsterne (Weihnachtsgebäck)

1 Die Blaubeeren gegebenenfalls waschen und gemeinsam mit dem Joghurt und der Milch in ein hohes Gefäß bzw. in den Standmixer geben.
2 Die Zimtsterne in kleine Stücke brechen und hinzugeben.
3 Alles kurz zu einer homogenen, feinen Mischung pürieren, in 2 Gläser gießen und sofort trinken.

Mein Tipp:
Beim Mixen der weihnachtlichen Smoothies darfst Du Dich ganz nach Lust und Laune austoben. Wie wäre es zum Beispiel mit einem Himbeer-Spekulatius- oder einem Orangen-Lebkuchen-Smoothie? Sicher fallen Dir noch viele weitere aufregende Kreationen ein.

Fruchtiger WINTERSALAT

Vielleicht geht's Dir ja wie mir: Im Winter fällt mir die tägliche Vitamin-zufuhr in Form von frischem Obst und Gemüse oft ziemlich schwer. Dieser Salat ist eine große Ausnahme, denn er vermag es im richtigen Moment sogar Spekulatius, Zimtsternen & Co. die Show zu stehlen. Mein Wintersalat besteht aus vielen leckeren Zutaten und macht schon alleine durch seine leuchtend bunte Farbe richtig gute Laune. Er ist zudem sehr reichhaltig, geschmacksintensiv und versorgt Dich im Winter mit vielen wichtigen Vitaminen und Mineralstoffen.

Zubereitungszeit:
20 Minuten

Für 4 Personen
· 1 Radicchio
· 1 Handvoll Feldsalat
· 1 Orange
· 1 Handvoll Trauben
· 1 Granatapfel
· 3 EL gehackte Walnüsse
· 100 g Gorgonzola oder Blauschimmelkäse
· 6 EL Olivenöl
· 3 EL Weißweinessig
· 1 TL körniger Senf
· 1 TL Honig
· Salz und Pfeffer

1. Radicchio und Feldsalat waschen, putzen und in mundgerechte Stücke schneiden bzw. zupfen.
2. Die Orange schälen und filetieren, die Weintrauben ebenfalls waschen und halbieren.
3. Die Granatapfelkerne aus der Frucht lösen (siehe Tipp!) und zusammen mit dem restlichen Obst zu dem Salat geben.
4. Eine beschichtete Pfanne erhitzen, die Walnüsse ohne Öl rösten und zum Kühlen beiseite stellen.
5. Den Käse in mundgerechte Stücke schneiden und zu dem Salat geben.
6. Aus Olivenöl, Essig, Senf, Honig, Salz und Pfeffer ein Dressing zubereiten und über den Salat geben.
7. Den Wintersalat zum Schluss mit den gerösteten Walnüssen bestreuen und mit frischem Baguette servieren.

Mein Tipp:
Der Granatapfel lässt sich am einfachsten entkernen, indem man die Schale rundherum etwa einen halben Zentimeter tief einschneidet, den Granatapfel vorsichtig auseinanderdrückt und die Frucht in zwei Stücke bricht. Nun lassen sich die Kerne aus jeder Granatapfelhälfte mit einem Holz-Kochlöffel über einer Schüssel mit Wasser herausklopfen. Die Kerne sinken dabei nach unten, während die Trennhäute an der Oberfläche schwimmen. Die Granatapfelkerne zum Schluss einfach mit den Händen herausfischen.

OFENKÄSE
mit Cranberry-Himbeer-Soße

Dieser gebackene Käse mit Cranberry-Himbeer-Soße ist das i-Tüpfel-chen eines jeden Feiertagsmenüs. Egal ob als später Käse-Snack an Weihnachten oder Vorspeise am Silvester-Abend: Der kleine Gaumen- und Augenschmaus lässt sich auch im größten Feiertagstrubel schnell zubereiten und kommt immer gut an. Garantiert!

Zubereitungszeit:
45 Minuten

Für 4–8 Personen
· 200 g Cranberrys (frisch oder TK)
· 2 EL Sirup (z.B. Ahorn- oder Himbeersirup)
· 2 EL Zucker
· 2 EL Orangensaft
· 2 EL dunkler Balsamico-Essig
· 2 Zweige Thymian
· 1 Prise Salz
· 1 Handvoll Himbeeren (frisch oder TK)
· 1 runder Brie- oder Camembert-Käse (Größe variiert je nach Anzahl der Gäste)

1 Backofen auf 180 °C (Ober-/Unterhitze) vorheizen.

2 Cranberrys waschen und zusammen mit dem Sirup, Zucker, Orangensaft, Essig, einem Thymianzweig und Salz in eine ofenfeste Form geben und gut durchmischen. Im vorgeheizten Ofen etwa 20–25 Minuten backen. Nach etwa 15 Minuten die Himbeeren dazugeben, untermischen und zu Ende backen. Die fruchtige Soße ist fertig, sobald die Cranberrys beginnen aufzuplatzen und die Früchtemischung eine leicht dickliche Konsistenz bekommt. Die Soße aus dem Ofen nehmen und beiseite stellen.

3 Den Camembert vorsichtig aus der Verpackung nehmen und dabei darauf achten, die Rinde möglichst nicht zu verletzen. Den Weichkäse auf ein mit Backpapier belegtes Backblech geben und im heißen Backofen etwa 10 Minuten backen.

4 Regelmäßig überprüfen, ob kein Käse aus dem Inneren austritt. Sollte dies der Fall sein, den Käse rechtzeitig in ein rundes, ofenfestes Gefäß geben, das einen ähnlichen Durchmesser wie der Käselaib hat. Ofen-Camembert nun zu Ende backen.

5 Nach der Backzeit den Käse aus dem Ofen holen und mit einem Tortenheber o. Ä. vorsichtig auf einen Teller legen. Anschließend gleich mit etwas Cranberry-Himbeer-Soße bestreichen, die restlichen Thymianblätter darübergeben und sofort servieren.

Mein Tipp:
Zum Servieren den Käse einfach auf einem Brettchen oder Teller mit ausreichend in Scheiben geschnittenem Weißbrot und der restlichen Soße in die Mitte des Tisches stellen. Der gebackene Weichkäse schmeckt warm am allerbesten und lässt sich durch seine weiche Konsistenz wunderbar dippen oder aufs Brot streichen.

SCHNELLE GE-MÜSESUPPE
im Weckglas

Diese Suppe lässt sich prima vorbereiten und sogar ins Büro oder zu einem Winter-Picknick mitnehmen. Nudeln und Gemüse wandern in ein Weckglas und müssen nur noch kurz vor dem Servieren mit etwas heißer Gemüsebrühe (z.B. aus einem Isolierbehälter) übergossen werden. Schneller und unkomplizierter geht's nicht!

Zubereitungszeit:
20 Minuten

Für 4 Personen
- 2 Karotten
- 1 Zucchini
- 2 Frühlingszwiebeln
- 8 Pilze
- 2 Knoblauchzehen
- 1 Bund Petersilie
- 1 l Gemüsebrühe
- 1 Packung Mie- oder Reis-Nudeln (250 g)
- 4 EL Sesamöl

1. 4 ausreichend große Weckgläser mit Deckel und einem Mindestfassungsvermögen von je etwa 500 ml bereitstellen.
2. Karotten, Zucchini und Frühlingszwiebeln waschen, putzen und in dünne Stifte bzw. Ringe schneiden.
3. Die Pilze ebenfalls putzen und in dünne Scheiben schneiden.
4. Knoblauch schälen und halbieren, die Petersilie waschen, ein paar Blätter zum Dekorieren beiseitelegen, den Rest fein hacken.
5. In einer Schüssel das klein geschnittene Gemüse mit der Petersilie vermischen.
6. Heiße Gemüsebrühe vorbereiten.
7. Währenddessen die Nudeln in der Hand leicht zerdrücken und gleichmäßig auf die 4 Weckgläser verteilen.
8. Auf jedes Nudelhäufchen eine etwa gleich große Portion des klein geschnittenen, gemischten Gemüses und jeweils eine halbe Knoblauchzehe geben.
9. Sobald die Gemüsebrühe kocht, diese vom Herd nehmen und vorsichtig über die Nudel-Gemüse-Mischung gießen.
10. Jeweils 1 TL Sesamöl hinzugeben, die Weckgläser sofort verschließen und mindestens 10–15 Minuten ziehen lassen.
11. Sobald die Nudeln aufgequollen sind, die Deckel entfernen, die Suppe mit der restlichen Petersilie bestreuen und sofort servieren.

Mein Tipp:
Für die Suppe-To-Go erst die Weckgläser mit dem Gemüse und anschließend mit den Nudeln füllen, kühl stellen und etwa 1 Stunde vor dem Verzehr aus dem Kühlschrank nehmen. Wie gewohnt mit heißer Brühe übergießen, 10–15 Minuten ziehen lassen und genießen.

Wintersuppe mit Pilzen
UND GERÖSTETEN
KICHERERBSEN

Wenn meine Kinder bei Temperaturen im zweistelligen Minusbereich stundenlang den Schlittenberg hinter dem Haus hinunterrodeln, werden hinterher die Rufe nach etwas Wärmendem umso lauter und dringlicher. In Fällen wie diesen ist diese Wintersuppe mit Pilzen und gerösteten Kichererbsen die allerbeste Aufwärm- und Stärkungskur.

Zubereitungszeit:
45 Minuten

Für 4 Personen
- 800 g mehligkochende Kartoffeln
- 1 Zwiebel
- 4 EL Butter
- 1 l Gemüsebrühe
- 1 Glas Kichererbsen
- 1 EL Olivenöl
- Salz und Pfeffer
- 1 TL Paprika-Gewürz, rosenscharf
- 250 g braune Champignons oder gemischte Pilze
- 200 g saure Sahne
- 1 Thymianzweig

1 Die Kartoffeln waschen, schälen und in mundgerechte Stücke schneiden.

2 Zwiebel schälen, würfeln und in 2 EL Butter anbraten. Kartoffeln hinzugeben, kurz mit anschwitzen und anschließend mit der Gemüsebrühe ablöschen. Etwa 20 Minuten bei niedriger Temperatur köcheln lassen.

3 Backofen auf 160 °C Ober-/Unterhitze vorheizen.

4 Die Kichererbsen abgießen, kurz mit Wasser abspülen und auf ein Papierküchentuch geben. Vorsichtig trocken rubbeln, in eine Schüssel geben und mit Olivenöl, Salz, Pfeffer und Paprika würzen. Die Kichererbsen anschließend auf ein mit Backpapier belegtes Blech geben und im vorgeheizten Backofen etwa 30 Minuten knusprig rösten. Während der Backzeit hin und wieder wenden.

5 Nun die Pilze putzen und in dünne Scheiben schneiden. Die restliche Butter in einer Pfanne erhitzen und die Pilze ein paar Minuten anbraten, bis sie eine schöne Farbe bekommen. Mit Salz und Pfeffer würzen.

6 Kartoffelsuppe nach der Kochzeit vom Herd nehmen und mit der sauren Sahne pürieren. Ebenfalls mit Salz und Pfeffer abschmecken und auf 4 Teller verteilen.

7 Jeweils 2–3 EL der gebratenen Pilze sowie der gerösteten Kichererbsen in die Tellermitte geben, mit frischem Thymian bestreuen und sofort servieren.

Mein Tipp:
Diese Suppe schmeckt übrigens auch im Frühling ganz wunderbar. Anstatt der Pilze und gerösteten Kichererbsen streuen wir dann gerne Radieschen und eine Handvoll Gänseblümchen aus dem Garten über die Suppe – schmeckt herrlich frisch und wunderbar nussig!

GEBACKENER BLUMENKOHL
mit Möhren, Sesam und Feta

Wenn es draußen kalt und ungemütlich wird, bekomme ich hin und wieder ein großes Verlangen nach einem Gericht, das so richtig schön von innen wärmt. Dieser Blumenkohl-Salat ist perfekt dafür geeignet, denn er wird nicht nur warm gegessen, sondern auch seine leichte Schärfe verbreitet beim Essen ein angenehm wohliges Gefühl im ganzen Körper.

Zubereitungszeit:
45 Minuten

Für 4 Personen
- 1 Blumenkohl
- 2 Karotten
- 4 EL Rapsöl
- 2 EL Ahornsirup
- 2 EL Sojasoße
- 1 TL Harissa
- Schwarzer Pfeffer
- 2 EL Sesamkerne
- 200 g Feta, in Würfel geschnitten
- ½ frische gehackte Petersilie

1. Backofen auf 200 °C (Ober-/Unterhitze) vorheizen.
2. Blumenkohl in Röschen teilen, waschen und die Röschen nochmals in mundgerechte Stücke schneiden.
3. Die Karotten ebenfalls waschen, putzen und schräg in längliche Scheiben schneiden. Das Gemüse in eine Schüssel geben.
4. Rapsöl, Ahornsirup, Sojasoße und Harissa zu einer Marinade verrühren, mit Pfeffer abschmecken, über das Gemüse geben und alles gut durchmischen.
5. Das marinierte Gemüse auf ein mit Backpapier belegtes Backblech geben und im vorgeheizten Backofen etwa 30–35 Minuten backen.
6. Währenddessen 2 EL helle Sesamkerne in einer heißen Pfanne ohne Öl rösten, bis sie einen angenehmen Geruch verbreiten und beginnen, eine hellbraune Farbe anzunehmen.
7. Sobald das Gemüse fertig gebacken ist, dieses auf eine Servierplatte geben, mit Sesamkernen, Feta und Petersilie bestreuen und sofort servieren.

Mein Tipp:
Der gebackene Blumenkohl-Salat schmeckt am allerbesten, wenn man ihn mit etwas frischem Fladenbrot serviert. Übrig gebliebener Salat lässt sich im Kühlschrank gut aufbewahren und schmeckt auch kalt sehr köstlich.

NUDELN MIT PILZEN,

Halloumi und Pinienkernen

Jeder Haushalt braucht ein Nudelgericht, das nicht nur alle Familienmitglieder sofort satt und zufrieden macht, sondern das sich auch unkompliziert und beinahe wie im Schlaf zubereiten lässt. Dieses simple und äußerst leckere Nudelgericht kann ich zu jeder Tages- und Nachtzeit aus dem Stehgreif in wenigen Minuten auf den Tisch zaubern. Damit mache ich nicht nur mich, sondern auch alle anderen Familienmitglieder im Nu satt und glücklich.

Zubereitungszeit:
etwa 20 Minuten

Für 4 Personen
- 500 g Spaghetti
- 30 g Pinienkerne
- 250 g braune Champignons oder gemischte Pilze
- 2 EL Butter
- Salz und Pfeffer
- 200 g Halloumi
- 5 EL Olivenöl
- eine Handvoll frische Basilikumblätter, in Streifen geschnitten

1 Spaghetti nach Packungsanweisung in heißem Wasser al dente zubereiten.

2 Währenddessen die Pinienkerne in einer heißen Pfanne ohne Öl rösten und beiseite stellen.

3 Die Pilze putzen, in Scheiben schneiden und in 2 EL Butter anbraten, bis sie weich werden und eine schöne Farbe bekommen. Mit Salz und Pfeffer würzen und ebenfalls beiseite stellen.

4 Halloumi in kleine Würfel schneiden und in einer Pfanne in 1 EL Olivenöl knusprig braun anbraten.

5 Die gegarten Spaghetti abgießen, kurz abschrecken, wieder in den Topf geben und sofort das restliche Olivenöl sowie die gebratenen Pilze und die Halloumi-Würfel unterheben.

6 Spaghetti auf 4 Tellern verteilen, leicht mit Salz und Pfeffer würzen und mit den gerösteten Pinienkernen und dem frischen Basilikum bestreut servieren.

Mein Tipp:
Dieses Gericht schmeckt auch kalt hervorragend. Vor dem Servieren einfach noch etwas Olivenöl und frisches Basilikum unterheben und fertig ist der perfekte Nudelsalat für eine schnelle Brotzeit.

POLENTATALER
mit Radicchio-Walnuss-Salat und Gorgonzola-Soße

Unglaublich, aber wahr: Das Gericht aus gekochtem Maisgrieß ist beinahe so alt wie die Menschheit selbst, denn im alten Rom aß man bereits Polenta. Ich konnte dem Maisbrei lange nichts abgewinnen, bis mich dieses Gericht aus Polenta mit sahnig-würziger Käsesoße, Wintersalat und gerösteten Walnüssen absolut vom Gegenteil überzeugte.

Zubereitungszeit:
etwa 1 Stunde

Für 4 Personen
· 400 ml Vollmilch
· 400 ml Gemüsebrühe
· 200 g Maisgrieß (Polenta)
· 1 Ei
· 3 EL Butter
· Salz und Pfeffer
· 1 EL Pflanzenöl
· 1 kleine Handvoll Walnüsse
· 1 kleiner Radicchio
· 3 Frühlingszwiebeln
· 4 EL Olivenöl
· 2 EL weißer Balsamico-Essig
· 1 Prise Zucker
· 200 g Crème fraîche
· 100 g Gorgonzola

1 Milch und Gemüsebrühe aufkochen. Anschließend den Polentagrieß einrühren und offen bei schwacher Hitze und unter häufigem Rühren etwa 15–20 Minuten (oder nach Packungsanweisung) zu einem Brei köcheln lassen. Dabei unbedingt oft umrühren, damit die Polenta nicht anbrennt.

2 Nach der Kochzeit die Polenta von der Herdplatte nehmen und das verquirlte Ei sowie 1 EL Butter zügig einrühren und mit Salz und Pfeffer abschmecken. Ein Backblech einölen und die Polenta gleichmäßig dick daraufstreichen und abkühlen lassen.

3 In der Zwischenzeit die Walnüsse in einer Pfanne ohne Öl rösten, bis sie eine leicht bräunliche Farbe annehmen. Beiseite stellen.

4 Den Radicchio waschen, putzen und in schmale Streifen schneiden. Lauchzwiebeln ebenfalls waschen, säubern und in dünne Ringe schneiden.

5 Aus Olivenöl, Balsamico-Essig, Zucker, Salz und Pfeffer ein Dressing herstellen, über den Salat geben und mit den gerösteten Walnüssen bestreuen.

6 Nun die Crème fraîche in einem kleinen Topf erhitzen. Unter ständigem Rühren den in grobe Stücke geschnittenen Gorgonzolakäse hinzufügen und so lange weiterrühren, bis eine glatte, cremige Soße entstanden ist.

7 Abschließend die fest gewordene Polenta auf ein Schneidebrett stürzen und mit einem großen Stern-Ausstechförmchen Polentasterne ausstechen.

8 Die restliche Butter erhitzen und die Polentasterne darin auf beiden Seiten goldgelb ausbacken. Polentataler mit dem Radicchio-Salat und der Gorgonzola-Soße servieren.

Mein Tipp:

Die durch das Ausstechen übrig gebliebenen Polenta-Stücke schmecken auch am Folgetag mit einem grünen Salat ganz wunderbar. Die Reste einfach in mundgerechte Stücke schneiden und in etwas zerlassener Butter anbraten. Alternativ kann man die übrig gebliebenen Maisgrießstücke bzw. -taler auch für eine spätere Verwendung einfrieren.

Lavendelmilchreis
MIT ZWETSCHGENRÖSTER
UND SPEKULATIUSBRÖSELN

Die gute Nachricht: Ruhe und Gelassenheit gibt's auch zum Löffeln! Zum Beispiel getarnt als dieses wunderbare Gericht mit toller Aromenvielfalt. Es gibt Situationen im Leben, da hilft nur noch eins: eine große Schüssel Milchreis. Dieser Kindheitsklassiker ist nicht nur ein wunderbar einfaches Gericht, sondern auch mein liebster Stimmungsaufheller aus der Küche. Ein Trostpflaster für den Magen sozusagen.

Zubereitungszeit:
etwa 45 Minuten

Für 4 Personen
· 1 unbehandelte Bio-Orange
· 1 l Milch
· 1 Prise Salz
· 250 g Milchreis
· 700 g TK-Zwetschgen, entsteint
· 100 g Zucker
· 1 Zimtstange
· 4 Stück Gewürzspekulatius-Kekse
· 1 EL getrocknete Lavendelblüten
  (für den Verzehr geeignet)

1. Orange waschen und etwa 1 EL Orangenschale fein abreiben.
2. Milch, Salz und Orangenabrieb erhitzen, Milchreis hinzugeben und unter ständigem Rühren aufkochen. Anschließend bei kleinster Flamme weitergaren, bis der Reis weich ist.
3. In der Zwischenzeit die Zwetschgen mit dem Zucker, einer Zimtstange und dem Saft der Orange in einem Topf erhitzen und langsam köcheln lassen, bis die Zwetschgen zerfallen und der Saft beginnt leicht einzudicken. Zwetschgenröster beiseite stellen.
4. Den Gewürzspekulatius in einen Gefrierbeutel geben, diesen verschließen und mit einem Nudelholz so lange darüberrollen, bis feine Brösel entstanden sind.
5. Den fertigen Milchreis vom Herd nehmen und zugedeckt noch etwa 5–10 Minuten ziehen lassen.
6. Milchreis mit Zwetschgenröster, Spekulatiusbröseln und mit ein paar Lavendelblüten bestreut warm servieren.

Mein Tipp:
Der restliche Zwetschgenröster hält sich im Kühlschrank einige Tage und passt wunderbar zu anderen Soulfood-Klassikern wie Kaiserschmarrn, Grießbrei oder Pfannkuchen.

HONIG-ZIMT-BIRNE
im Blätterteigmantel

Dieses Dessert muss über Zauberkräfte verfügen, denn wann immer sich die Birne in ihr feines Blätterteig-kleid wirft, sind ihr alle Menschen sofort und unumgänglich verfallen. Diesen Effekt habe ich schon mehr-mals beobachten können, ein Grund warum ich auch nach Jahren nicht müde werde, dieses Dessert immer und immer wieder zuzubereiten.

Zubereitungszeit:
etwa 1 Stunde und 15 Minuten

für 4 Personen
· 4 mittelgroße, feste Birnen mit Stiel
· 1 l Birnen- oder Apfelsaft
· 1 Bio-Zitrone
· 3 Zimtstangen
· 1 Pk. Vanillezucker
· 3 großzügige EL Honig
· 1 Packung Blätterteig (aus dem Kühlregal)

1 Die Birnen von der Unterseite mit einem Apfelentkerner oder Messer entkernen. Dabei darauf achten, nicht zu tief in die Birne zu pieksen, der Stiel sollte möglichst heil bleiben. Die Birnen nun vorsichtig schälen. Falls die Früchte keinen guten Stand haben, an der Unterseite ein Stückchen abschneiden um die Frucht zu „begradigen".

2 Den Saft in einen Topf gießen. Die Zitrone halbieren. Zimtstan-gen, Zitronenhälften, Vanillezucker und Honig hinzugeben und leicht zum Kochen bringen. Die Temperatur nun reduzieren und die 4 geschälten Birnen vorsichtig in den Sud geben. Etwa 15–25 Minuten leicht köcheln lassen, bis die Birnen beginnen weich zu werden.

3 Birnen nun mit dem Schaumlöffel aus dem Sud heben und auf einem Teller abkühlen lassen. 2 Tassen des Birnensuds aufheben, den Rest wegschütten. Den zurückgehaltenen Sud in einem kleinen Topf einkochen lassen, bis er eine sirupähnliche Konsis-tenz hat. Das dauert etwa 15–30 Minuten. Anschließend den Sud beiseite stellen und abkühlen lassen.

4 Backofen auf 200 °C (Ober-/Unterhitze) vorheizen.

5 Blätterteig der Länge nach in etwa 1–1,5 cm breite Streifen schneiden. Dabei zügig vorgehen, da der Blätterteig bei Raum-temperatur schnell weich und „unhandlich" wird. Von unten beginnend die Blätterteigstreifen vorsichtig um die Birne legen und diese darin einpacken. Blätterteig vor allem an den Enden leicht andrücken. Den Vorgang so lange wiederholen, bis alle 4 Birnen eingepackt sind.

6 Die Birnen auf ein mit Backpapier belegtes Backblech setzen und im vorgeheizten Backofen etwa 20–25 Minuten goldbraun backen.

7 Die noch warmen Birnen auf 4 Teller geben, mit ein paar Esslöffeln des eingekochten Suds beträufeln und mit einer Kugel Vanilleeis oder einem Klecks Crème fraîche servieren.

Mein Tipp:
Die Birnen können auch ganz problemlos durch Äpfel ausgetauscht werden.

Dulce-de-leche-
WINTERTORTE

Die hohe Kunst des Tortenbackens überlasse ich nur allzu gerne den vielen begnadeten Tortenbäckerinnen in meinem Umfeld, die können das nämlich so viel besser als ich. Nichtsdestotrotz habe ich mit den Jahren festgestellt, dass man mindestens ein Torten-Rezept mit Gelinggarantie im Repertoire haben sollte, nur dann ist man für alle zuckersüßen und feierwürdigen Eventualitäten des Lebens so richtig gewappnet. Dieser Tortentraum mit feiner Karamell-Creme ist in Wahrheit ein echter Lazy-Girl-Cake, schmeckt aber wie höchste Patissierskunst.

Zubereitungszeit:
etwa 45 Minuten + mindestens
4 ½ Stunden Kühlzeit

Für eine Torte (Ø 18 cm)
· 2 Packungen helle Wiener Böden
· 1 Dose Dulce de leche (ca. 400 g, siehe Seite 71)
· 600 ml Schlagsahne
· 2 Pk. Vanillezucker
· 3 Pk. Sahnesteif
· 2 gehäufte EL gehackte Mandeln

1 Aus jedem der einzelnen 6 Biskuitböden mit dem Ring einer 18-cm-Springform kleine Tortenböden ausstechen. Überstehende Ränder eventuell mit einem Messer in Form schneiden. Die Reste können für Trifles oder Schichtdesserts eingefroren werden.

2 Dulce de leche in einer Schüssel mit 2 EL flüssiger Sahne glatt rühren und beiseite stellen.

3 Die restliche Schlagsahne mit Vanillezucker und Sahnesteif nach Packungsanweisung steif schlagen. Die Hälfte der Dulce de leche unter etwa ein Drittel der geschlagenen Sahne heben, die übrige Schlagsahne kalt stellen.

4 Den ersten Biskuitboden auf einen großen Teller oder eine Tortenplatte legen und mit einem Drittel der Sahne-Karamell-Mischung bestreichen. Den zweiten Boden vorsichtig darauf schichten und sogleich mit der Hälfte der puren Dulce de leche bestreichen. 1 EL gehackte Mandeln darüberstreuen.

5 Nun den dritten Wiener Boden darauflegen und erneut mit der Karamell-Sahne bestreichen. Die Böden abwechselnd mit Karamell-Sahne und der Dulce-de-leche-Mandelmischung bestreichen bzw. bestreuen, bis alle Böden aufgebraucht sind. Die Oberfläche des letzten Bodens unbestrichen lassen. Die Torte nun für etwa 15–30 Minuten kalt stellen.

6 Anschließend eventuell ausgetretene Creme mit einem Messer entfernen. Die Torte mit den verbleibenden zwei Dritteln der geschlagenen Sahne rundherum bestreichen. Dies gelingt am besten mit einem Palettenmesser. Sobald die Torte komplett mit der Sahne bedeckt ist, für mind. 4–max. 24 Stunden kalt stellen, damit sie durchziehen kann.

Mein Tipp:

Als optisches Highlight kann die schlichte Torte mit einem hübschen Cake-Topper dekoriert werden. Eine Anleitung für eine weihnachtliche Tortendekoration findest Du auf Seite 147.

SCHOKOLADENPUDDING

mit Beeren und essbaren Blüten

Dieses Rezept hat bei uns zweimal im Jahr absolute Hochkonjunktur. Zu keiner anderen Zeit essen wir nämlich so viel Schokopudding wie in den Tagen und Wochen nach Weihnachten und Ostern. Immer dann nämlich, wenn sich unzählige Schoko-Nikoläuse, -Weihnachtsmänner oder alternativ Schokoladen-Osterhasen in den Vorratsschränken türmen, heißt es wieder Resteverwertung de luxe. Dass dieser feine Schokopudding im ersten Leben ein Nikolaus oder Weihnachtsmann war, sieht man ihm glücklicherweise nicht an – er schmeckt absolut himmlisch!

Zubereitungszeit:
etwa 15 Minuten

Für 4 Personen
- 500 ml Milch
- 100 g Vollmilchschokolade
- 2 EL Kakao
- 35 g Stärkemehl
- 1 Handvoll TK-Himbeeren
- 1 EL getrocknete essbare Blüten

1. 350 ml Milch abmessen und in einem Topf langsam erhitzen.
2. Sobald die Milch warm ist, die Vollmilchschokolade in Stücke brechen und hineingeben. Unter Rühren schmelzen.
3. Die restliche Milch mit dem Kakao-Pulver und der Stärke möglichst klümpchenfrei glatt rühren.
4. Schokoladenmilch unter Rühren zum Kochen bringen, die Kakao-Stärke-Mischung hineinrühren und ca. 1 Minute lang kochen, bis der Pudding langsam eindickt.
5. Den Pudding vom Herd nehmen und in 4 Dessert-Gläser oder Schälchen füllen.
6. Im Winter essen wir den Pudding am allerliebsten warm, er kann allerdings auch bis zum Verzehr gekühlt werden.
7. Vor dem Verzehr den Pudding mit einigen tiefgekühlten Himbeeren und ein paar getrockneten, essbaren Blüten bestreuen und sofort servieren.

Mein Tipp:
Wenn der Pudding bis zum Verzehr kalt gestellt werden soll, diesen am besten leicht abkühlen lassen und anschließend mit etwas Küchenpapier und Frischhaltefolie abdecken. Das Küchenkrepp nimmt eventuelles Kondensat auf und verhindert, dass dieses auf den Pudding tropft.

DIY:
Weihnachtliche Cake-Topper basteln

Die Weihnachtszeit ist wie geschaffen für süße Nascherei, warum also nicht einmal eine weihnachtliche Winter-Torte anstatt des gewöhnlichen Plätzchentellers servieren. Jeder Kuchen und jede Torte kann mit der passenden Deko in ein festliches Wintergebäck verwandelt werden. Alles, was Du dafür brauchst, sind ein paar hübsche, schnell gebastelte Cake-Topper.

Zeitaufwand:
etwa 10 Minuten

· 1–2 Zimtstangen
· 3 Rosmarinzweige
· Bastelpapier
· Klebestift oder durchsichtiges Klebeband
· Zahnstocher
· Deko-Figur (z.B. Reh o. Ä.)

1 Für die kleinen Tannenbäume eine Zimtstange mit einem Messer vorsichtig in 3 Teile schneiden bzw. sägen. Dabei langsam vorgehen, da die Zimtstangen schnell zerbrechen können.

2 Die Rosmarinzweige so zurechtschneiden oder kürzen, dass sich die Zweige jeweils gegen die Wuchsrichtung mit einem Ende in die Zimtstange stecken lassen.

3 Aus dem Bastelpapier ein kleines Fähnchen basteln und dieses mit einem kleinen Weihnachtsgruß (z.B. Frohes Fest!) beschriften.

4 Das Fähnchen mit Kleber oder etwas Klebeband an dem Zahnstocher befestigen.

5 Nun die gebastelten Cake-Topper-Bäumchen mit der Dekofigur und dem kleinen Fähnchen auf der Torte platzieren. Für etwas mehr Halt die Figuren leicht andrücken.

DIY:
Lebkuchenzucker herstellen

Draußen schneit es, und drinnen wärmen wir uns mit einer heißen Lebkuchenmilch mit Schlagsahne auf. Klingt gut, oder? Dieser Lebkuchenzucker lässt sich im Handumdrehen herstellen und ist nicht nur äußerst lecker, sondern in der Vorweihnachtszeit auch ein ganz besonders beliebtes Geschenk aus der Küche.

Zeitaufwand:
etwa 10 Minuten + Trocknungszeit

Für etwa 250 g Lebkuchenzucker
· Abrieb von einer unbehandelten Bio-Orange
· 200 g Zucker
· 1 Pk. Lebkuchengewürz (etwa 15 g)
· 3 EL Trinkschokoladenpulver
· ein großes oder mehrere kleine Glasgefäße mit Deckel
· Labelmaker o. Ä. zum Beschriften
· Deko-Garn oder Schleifenband
· Zimtstangen, Zweige etc. zur Dekoration

1. Orange waschen, gut abtrocknen, Schale vorsichtig abreiben und diese auf einem Teller über Nacht trocknen lassen.
2. Zucker, Lebkuchengewürz, Trinkschokoladenpulver und Orangenabrieb miteinander vermengen und in ein großes Glas oder mehrere kleine Gläser mit Deckel füllen.
3. Mit einem Labelmaker o. Ä. kleine Schilder zum Beschriften der Gläser erstellen und aufkleben.
4. Die Gläser mit etwas Deko-Garn umwickeln und mit Zimtstangen und Zweigen dekorieren.
5. Der Lebkuchenzucker ist nun bereit für den Einsatz in der Küche oder zum Verschenken.
6. Für die Zubereitung einer Tasse Lebkuchenmilch einfach Milch erwärmen, 1–2 TL Lebkuchenzucker hineinrühren und mit einem Sahnehäubchen servieren.

Register

Danksagung

Ein Buch zu schreiben, ist ein bisschen wie Kinder kriegen. Monatelang trägt man die Idee mit sich herum, lässt sie wachsen und gedeihen, hofft inständig, dass alles gut geht und irgendwann bereitet man sich auf den großen Tag vor, an dem das „Buch-Baby" endlich das Licht der Welt erblicken darf.

Dieser Weg bis zum fertigen Buch ist eine wunderschöne Sache und kostet gleichzeitig auch viel Kraft und Energie. Ohne die Unterstützung von einigen Menschen würde ich jetzt wohl immer noch in meinem Büro im Dachgeschoss sitzen und vor mich hin träumen anstatt, wie jetzt, tatsächlich ein fertiges Buch in den Händen zu halten. All diesen Menschen gilt mein größter Dank.

Vielen Dank an die liebste Nachbarin der Welt und all die Menschen, die ich tagein tagaus mit meinen Fragen zu Rezeptideen, Garmethoden und Zutatenkombinationen Löcher in den Bauch fragen darf und die nicht müde werden, mir Rede und Antwort zu stehen.

Ein großes Dankeschön geht an meine Familie und Freunde, die mich auf diesem Weg stets ermutigen und tatkräftig unterstützen. Euer Stolz macht mich sehr glücklich!

Dank an Stephanie Winkler, die entzückendste Fotografin der Welt, die es so wunderbar geschafft hat, meine Familie und mich mit der Kamera einzufangen. Und natürlich auch ein großes Dankeschön an ihre zauberhafte Assistentin, meine Freundin Sandra, fürs Haare bürsten, Puderquasten-Schwingen und für all die wohltuende Ermunterung, wann immer sie nötig war.

Mein allergrößter Dank gilt meinem Mann Stefan: Ohne seine Unterstützung wäre dieses Buch niemals zustande gekommen. Es gibt niemanden, mit dem ich dieses Leben lieber lebe als mit Dir und unserer kleinen Bullerbü-Gang.

Zur Autorin

Birgit Fazis ist Pädagogin und lebt mit ihrem Mann und den gemeinsamen drei Töchtern am bayerischen Ammersee. Ihre besondere Gabe, sich in Nullkommanix wahlweise glücklich zu kochen oder zu backen, teilt sie seit 2010 in ihrem Food- und Lifestyle-Blog »EmmaBee«. Ihr Markenzeichen: Kompromisslos leckere Rezepte, die sich schnell und unkompliziert zubereiten lassen und die schmecken wie Glück zum Aufessen.